# MBA에 대체 뭐가 있는데요?

# MASTER OF BUSINESS ADMINISTRATION

미 리 다 녀 보 는 직 장 인 M B A

# MBA에 대체 뭐가 있는데요?

─┤ 이시현·김문섭·김 진·박순옥·박소영·박상언·장철희·최성문 지음 ├─

"아직도 MBA를 고민 중인 독자들이 있다면
이 책이 여러분들의 진로에 명쾌한 해답을
제시할 것이다."

- - - - - - - - - - - - - - - - - - - - - - - - - - - -

도대체 그곳에서는 어떤 일들이 벌어지는지, 무엇이 각각의 생업을 마
친 후 피곤한 몸을 이끌고 다시 학교로 출근하여 밤 늦게까지 공부를
하게 하는지

★★★★★
MBA는 선택이 아닌
필수다!

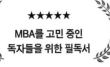

★★★★★
MBA를 고민 중인
독자들을 위한 필독서

좋은땅

경영대학원(MBA)을 졸업한 원우들이 겪은 그간의 소회와 리얼한 에 피소드! 각자 다른 직업과 경험을 가진 사람들이 MBA과정에 입학하게 된 이유도 사연도 다양하다. 이들이 입학부터 졸업까지 겪은 다양한 이 야기를 엮은 이 책은 당장 MBA를 고민하는 사람뿐만 아니라 자신에게 무언가 부족함을 느끼고, 성장을 고민하는 이들에게 좋은 길잡이가 될 것이다.

서울우유협동조합 박재범


8인의 가이드와 함께 떠나는 생생한 MBA 현장 투어. 프로 직업인의 바쁜 일상 속에서 학업과 인간관계까지 꽃피워 낸 이들의 이야기를 담 은 이 책은 변화를 꿈꾸며 길을 찾는 당신에게 안내자가 되어 줄 것이다. MBA 진학을 고민하는 당신을 위한 종합선물세트.

함께경영연구소 소장 백지훈

MBA에 대한 현실적인 경험담과 도움이 될 만한 조언이 가득한 책이다. 다양한 산업, 직업의 저자들이 한 공간에서 배우고 느끼며 깨달은 통찰력을 독자들도 엿볼 수 있을 것이다. 직장인으로서 MBA 진학을 고려하고 있다면 성장을 위해 도전했던 저자들의 이야기를 통해 즐거운 인사이트를 얻길 바란다.

《세상을 바꾼 플랫폼 성공 비법》 저자 김성겸

# 머리말

　MBA에 대체 뭐가 있길래 많은 사람들이 왜 그토록 MBA를 동경하는지, 도대체 그곳에서는 어떤 일들이 벌어지는지, 무엇이 각각의 생업을 마친 후 피곤한 몸을 이끌고 다시 학교로 출근하여 밤늦게까지 공부를 하게 하는지, 독자들은 무척 궁금할 것이다.

　대학을 졸업한 지 오래된 사람들이 이제 와서 무슨 공부를 할 것이며, 다 굳어 버린 머리로 무슨 공부가 되겠느냐, 설령 젊은 친구들 틈에서 어렵게 공부하여 겨우 졸업을 한다 해도 다 늦어서 딴 MBA가 현재 나의 커리어에 얼마나 도움이 될까? 아니 도움이 되긴 할까? 아마 MBA를 준비하며 고민하는 사람들의 공통적인 고민 중에 몇 가지일 것이다.

　여기 서울시립대학교 대학원 8명의 원우들이 모여 MBA를 동경하는 독자 여러분들의 궁금증에 대하여 경쾌하게 대답을 해 준다. 그들이 2년 동안의 MBA 과정에서 어떤 것들을 배웠는지, 학습 내용은 정말로 자신의 커리어에 도움이 되고 있는지, 대학원 생활의 꽃이라고 불리는 인맥은 어떻게 만들어지고 관리되는지 생생한 현장의 경험담을 들려준다.

아직도 MBA를 고민 중인 독자들이 있다면 이 책이 여러분들의 진로에 명쾌한 해답을 제시할 것이다.

독자들의 현명한 선택과 열정을 기대하면서

2021년 5월

김문섭

# 목차

## 이시현

## 슬기로운 MBA 생활

## 김진

## 이기적 성장의 시간, MBA

# 안주(安住) 대신 변화는 영특함을 만든다

# 서울 서울 서울

# 진정한 HRBP가 되기 위한 과정, MBA

박상언

# 나를 위한 한 걸음

박순옥

# 어쩌다 MBA, 어떻게 해야 할까~?

김문섭

## MBA 2년 무엇을 배웠나

**이시현**

# 슬기로운 MBA 생활

# 1

## 회사동료와 MBA 절친 되기

2018 겨울 시립대 경영MBA 면접장. 서류합격 후 면접준비에 신경 쓰지 못한 탓에 다소 긴장한 마음으로 강의실에 들어섰다. 약 30명 이상 있었던 것 같고, 내 대기석을 찾는데 갑자기 누가 인사를 했다. 인사하신 분은 내가 근무하는 홈쇼핑 모바일사업부의 S팀장이었다. 나는 마케팅과 인사관리를 공부하고 싶었고, S팀장은 MIS(경영정보시스템) 쪽을 염두에 두고 지원한 듯했다.

이후 함께 입학하게 되었고, 우연히 1학년 1학기 3과목 마케팅관리/회계/경영통계 과목을 같이 수강했다. S팀장은 평소 회사에서는 팀장 회의에서 가끔 보았는데 자리가 멀었고, 업무적으로 연관성이 적어서 대화해본 적이 거의 없었다. 그러나 1-1학기 3과목을 같이 듣고 대화가 늘어나면서 배울 점이 많았는데 우선 그 첫 번째는 S팀장의 스마트한 면이다.

수업시간에 노트북, 탭, 핸드폰 등 3개를 켜 놓고 메모와 검색을 하는데, 나는 바로 옆자리에 앉아서 노트와 연필로 메모를 하다 보니 한계가 있었다. 원우들 중에는 탭이나 핸드폰에 연결하는 접이식 키보드를 휴대하고 메모하는 경우를 봤는데 확실히 정리내용에 차이가 있고 성적도 우수한 경우가 많았다.

S팀장의 방법도 좋지만 다른 원우의 방법을 소개하면 디지털 기기로 빨리 메모를 하고, 수업 후에 교수님의 강의 자료를 한 장에 4장 정도 들어가게 프린트하여 수기로 메모하는 방식이다. 이렇게 정리하면 수업내용 정리에 특히 도움이 된다. 아래는 S팀장 옆자리에서 같은 내용을 듣고 있는데 필기가 너무 차이나는 모습이라 찍어 놓은 사진이다.

S팀장에게 배울 점 두 번째는 정기적으로 토익시험을 보며 점수를 관리하고, 주말에는 시립대 도서관에서 수업내용과 정기구독한 DBR 잡지, 마케팅 책을 보며 틈틈이 공부를 하는 모습이었다. 회사 일과 야간수업, 중학생 두 딸의 아빠 역할만 해도 힘들 텐데 주말까지 노력하는 모습

이 정말 대단해 보였다.

　회사에서 대학원을 같이 다니는 동료가 있으니 퇴근 후 1시간 걸리는 등교길에 의지가 되고, 간식/물/커피도 돌아가며 샀다. 그리고 트렌드 학술모임, 인사학회, 인문학 인사이트, 칠드런(70년대 생 모임) 4개 모임도 서로 추천하여 가입하고, 특히 인문학 인사이트는 같이 간부로 활동을 하였다. 경영MBA에 직장 동료들이 같이 지원하거나, 마음이 통하는 원우들을 사귀면 대학원 과정 내내 서로에게 힘이 될 것이다.

# 2

## 아무튼 발표

경영MBA를 다니면 수업이나 학회에서 발표할 일이 많은데, 나 같은 경우는 발표를 통해 공부를 해 보고자 하는 마음이 커서 자원해서 참여했다. 이 책을 같이 준비한 MBA 원우들을 만난 곳은 1-1학기 4월에 열린 트렌드 학술 모임이고, 첫 참석 때부터 발표가 가능한지 문의했다. 김진 회장님이 감사하다고 반갑게 맞아 주셨지만, 학술모임 멤버들과 제대로 인사도 하지 않은 상태에서 발표부터 하다니 지금 생각하면 참 용감했던 것 같다.

2년간 3회에 걸쳐 발표를 했는데, 아래와 같다.

2019년 4월 [TS샴푸] 브랜드 마케팅 사례

2019년 10월 신간 발표《심미안 수업》

2020년 6월 홈쇼핑 인플루언서 마케팅 사례

각 내용에 대해 트렌드 학술모임에서 발표한 사유와 과정을 말해 보도록 하겠다.

## 1) TS샴푸 마케팅 사례

이 내용은 2019년 1-1학기 마케팅관리 수업에서 성공적인 마케팅 사례로 발표를 했었다.

TS샴푸는 우리 팀에서 판매를 하고 있었는데, 평소에는 판매 조건과 주문액에만 관심을 가지다가 발표자료를 작성하면서 브랜드의 성장과정을 알 수 있었다. 그리고 샴푸뿐 아니라 바디워시, 염색제, 치약, 화장품 등 바디케어 토탈 솔루션 기업으로 도약하려는 의지도 알게 되었다.

발표를 들으신 교수님과 원우들이 TS샴푸의 성장 스토리에 흥미로워하신 것 같아서 트렌드 학술모임 참가 첫날 같은 내용으로 발표를 했다.

## (주)TS 트릴리온 연혁

2006. 04 [탈모닷컴] 오픈, 커뮤니티+탈모용품 판매

*2014. 08 [TS샴푸] GS홈쇼핑 론칭(40분 3,800세트 매진)*

*2014. 12 GS홈쇼핑 100억 돌파 론칭 4개월 16만 세트 판매)*

2016. 05 [착한 염색약] 출시

*2017. 01 GS홈쇼핑 750억 돌파, 100회 매진*

2018. 01 [착한 치약] 출시

*2018. 12 현대홈쇼핑 론칭, 연간 매출액 738억*

2019. 04 손흥민 광고체결

2019. 05 상해 미용박람회 및 중국유통 본격화 예정

---

## ㈜TS 트릴리온 비전

**1) TS 탈모샴푸 글로벌 NO.1**

-. 중국시장 활성화 시 가능 할 것으로 판단.

-. '19년 5월 상해 미용 박람회

-. 중국 인플루언서 마케팅 예정

**2) 바디케어 토탈 솔루션 기업**

-. [TS] 샴푸 12종 外 치약, 염색제

-. [TZ] 뷰티 용품

매장전경

---

수업 때 작성한 보고서를 트렌드 모임에서 공유하면, 다양한 업계의
이야기를 들을 수 있어서 권장하는 분위기이고 자진해서 참여하는 원우
들이 많은 편이다.

## 2) 신간 발표 윤광준《심미안 수업》

《심미안 수업》의 윤광준 작가는 중앙대 사진학과를 졸업하고《잘 찍은 사진 한 장》과 《생활명품 시리즈》를 출간하신 베스트셀러 작가이다. 이 책에서는 심미안의 중요성에 대해 아래와 같이 강조한다.

> "인류의 미적 역사를 이해하는 경험을 자꾸 해야, 오늘 내가 하는 일에 대한 두려움도 사라지고, 새로운 아이디어도 샘솟는다."
> 2019년 3월 말 열린 신간 출시회에 다녀왔고, 행사 중 사회자와 나누신 아래 대화가 인상 깊었다.
>
> Q: 예술을 이해함으로써 얻는 실질적 이득은 무엇인지?
> A: 선택의 기로에서 감각적인 요소가 중요하다. 좋은 것을 선택할 때 심미안만큼 중요한 게 없다.
> 미국 경영 MBA에서는 예술, 철학, 미학을 중요한 과정으로 여기는데, 당장 경영에 필요 없는 것 같지만, 경영자들의 무수한 판단의 순간에 직관적인 도움을 준다.

현재 경영자이거나 현업에서 무수한 판단의 순간을 경험하는 트렌드 원우들에게도 이 책에서 소개하는 아름다운 그림, 건축, 생활소품에 대해 공유하고 싶어서 발표를 했다.

### 3) 홈쇼핑 인플루언서 마케팅 사례

이 내용은 2020년 2-1학기 소비자행동 수업에서 발표를 하였다. 코로나로 모여서 수업을 할 수 없어서 파워포인트로 작성한 파일에 본인 목소리를 녹음해서 공유하는 방식이었다. 목소리를 입혀서 10분 정도 분량으로 만드는 작업이 낯설었지만, 코로나가 바꾸어 놓은 수업과 소통 방식에 빨리 적응해 보고 싶은 생각에 발표를 신청했다.

발표 내용은 25년 경력 인기 쇼호스트 유난희 님 프로그램을 쇼핑엔티에 도입한 과정과 인플루언서 마케팅에 대한 내용이었고, 수업시간 외에 트렌드 학술모임에서도 발표를 하였다.

수업이나 트렌드 학술모임에서 발표를 하면 자료 조사를 하면서 새로운 사실을 알게 되고, 책도 더 집중해서 읽게 된다. 트렌드 학술 모임은 졸업생들도 참여할 수 있어서 정기적으로 참여하고 발표를 해 보려고 한다.

# 3

# MBA 핵인싸되기

누가 나에게 시립대 경영MBA에서 좋았던 점을 물어본다면 아래와 같이 이야기할 것이다.

"회사경영에 필요한 수업내용, 다양한 업계에 근무하는 동문들과의 교류로 정보가 풍부해졌습니다."

밤늦은 시간까지 열정적으로 강의하시는 교수님들께 너무 감사했고, 다양한 모임에서 동문들과 교류하면서 배운 점이 정말 많았다. 보통 수업이 9시 넘어서 끝이 나고 집이 멀어서 동문들과 교류할 시간이 충분하지 않았지만 잠깐씩이라도 들러서 대화를 하고, 평소에는 오픈 채팅방에 참여하였다.

2년 동안 참가한 모임은 트렌드 학술모임, 인사학회, 인문학 인사이트, 원우회 학술국, 칠드런(70년대 생 모임)이다. 이 모임들에서 선후배님, 동기들을 만나서 전공 선택, 박사과정 준비 등 궁금한 점을 여쭤볼 수 있었고, 실제 업무미팅에서 동문들을 만날 때도 있었다.

트렌드 학술모임은 매일 오전 오픈 채팅방에서 국내외 필수기사를 공유하고, 월 1회 오프라인 세미나에서 공유하고 싶은 주제가 있으면 신청해서 발표한다.

그리고 인사학회는 인사전공자들이 만든 모임인데, 본인들이 속한 회사와 국내 기업들의 인사정보를 나누고, 분기에 1회 정도 오프라인 세미

나를 하였다.

세 번째 인문학 인사이트는 주 1회 인문학 정보를 오픈 채팅방에서 나누고, 정기적으로 공연이나 전시를 관람하는 모임이다. 1학년 말 가입하여 2학년 때 회계를 맡았으나 코로나 여파로 모이질 못하고, 연말에 대학로 연극관람, 학술국과 콜라보로 이태리 〈바티칸박물관〉 랜선 투어만 진행하였다.

이 외에도 2학년때 학술국 고문을 맡아서 해외 학술제를 추진하려고 했으나, 코로나로 해외는 못 가고 스페인 〈프라도 미술관〉 랜선 투어를 개최하고, 70년 생 모임 칠드런에 참가하여 40대 원우들과 소통하였다.

자칭 핵인싸로 지내다 보니 2년이 너무 짧게 느껴졌는데, 이 글을 통해 원우회와 학술모임 활성화를 위해 노력하신 원우들께 감사의 마음을 전해 본다.

# 4

## 마.전의 추억

대학원 졸업을 앞둔 2-2학기 〈마케팅전략〉 과목을 수강하였다. 수업내용은 3개 국내업체 성장사례 연구와 플랫폼 창업 실습으로 이루어졌다.

나는 5명으로 구성된 조의 조장을 맡았고, 개인과제 작성과 함께 2~3주 간격으로 제출하는 조 발표가 차질없이 이루어지도록 신경을 썼다. 9월부터 시작하여 11월 중순까지 조별과제 3개를 발표하느라 조원 모두 힘겨웠지만, MBA마케팅 전공 원우들에게 꼭 필요한 수업이었던 것 같다.

1987년 창업하여 글로벌 명품 핸드백 ODM에 집중한 〈시몬느〉, 고객의 소비행위와 가치사슬에 대한 통찰력으로 수입차 리페어비즈니스 기회를 포착한 〈카닥〉, 현지 가이드투어 회사에서 출발해 성공적으로 플랫폼 확장을 한 〈마이리얼트립〉 사례를 통해 창업 초기와 성장과정의 고민을 간접 경험할 수 있었다.

마지막 플랫폼 창업 실습은 가장 어려운 과제였는데, 각 조가 창업하는 플랫폼에 모의 투자까지 하는 방식이었다. 투자는 각 조의 발표를 듣고 3차례에 걸쳐 진행되는 방식이었다.

첫 발표를 앞두고 조원들이 시내 스터디 카페에 모여 토론해 보았지만, 어떤 플랫폼을 창업하면 고객이 찾아오고 실제 거래가 활발하게 일어날지 막막하였다. 2회에 걸친 논의 끝에 전문가는 물론 개인들이 자유롭게 강좌를 개설할 수 있는 인문학 강좌플랫폼으로 정하였고, 첫 투자설명회 시간에는 주로 사업 아이템 선정배경에 대해 소개하였다.

다른 조에 비해 시장규모가 작고 유사한 서비스가 많아 보인다는 지적을 받은 우리 조는 투자액이 매우 낮았다. 모의투자지만 점수가 공개되니 조원들의 사기가 떨어져서 조장인 나는 빨리 분위기를 수습해야만 했다.

그래서 2차 투자설명회에는 최근 중고시장 성장세를 반영하여 중고음반거래 플랫폼으로 변경하여 발표하였고, 마지막 3차 설명회까지 조원들과 자료를 조사하고 양식을 수정하며 조금이라도 투자액을 늘리기 위해 노력하였다.

이 수업을 통해 플랫폼 비지니스의 중요성과 창업 시 고려할 점들을 배우고, 원우들과 수업 외 시간에 만나 소통하며 친해지게 된 점이 좋았다.

그리고 개인과제, 조과제, 동료평가서, 시험을 통해 다각도로 평가하시고, 매번 수업에서 밤늦게까지 열정적으로 강의하셨던 L교수님께 감사의 인사를 드린다.

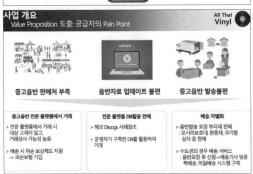

# 5

# 국내 vs 해외 학술제

2019년 경영대학원에 입학하고 1학년 때는 춘계 학술제, 해외 학술제, 경영인의 밤 등 다양한 행사가 있었으나, 2학년때는 너무 아쉽게도 COVID-19로 인해 오프라인 행사가 모두 진행되지 않았다.

1학년 봄에 열린 춘계 학술제는 학술특강과 함께 신입생 환영회의 의미도 있는 행사였고, IBK은행 충주연수원에서 진행이 되었다. 2학년 29기, 1학년 30기 친목을 위한 레크리에이션, 글로벌 경영환경에 대한 교수님 특강, 30기 대표 선출 시간을 가진 후 저녁식사를 하였고, 원우회와 선배님들이 준비한 푸짐한 경품을 게임을 통해 받을 수 있었다. 행사준비를 알차게 해 주신 선배님들 덕분에 매우 즐거웠고, 마치 학부 때로 돌아간 느낌을 받았다.

　1학년 여름방학에 열린 베트남 해외 학술제는 3박 4일로 진행되었고, 삼성전자 호치민 공장견학, 정보통신산업 진흥원 호치민 IT센터 등의 방문 일정이 있었다. 개인 사정상 참석을 못했는데, 다녀온 동기들이 너무 좋았다고 해서 2학년 때는 꼭 가려고 마음을 먹었다.

그 다음 해 2학년 초에 해외 학술제를 준비하는 학술국에 가입하였고, 고문을 맡게 되었다. 2월부터 COVID-19 확진자가 증가세에 있었는데, 1년 내내 장기화되어 국내외 어떤 행사도 진행할 수 없었다.

국내라도 소규모로 나누어 가고 싶었지만 학교에서 허가가 나지 않아서, 연말에 스페인 프라도 미술관 랜선투어 시간을 갖는 것으로 해외 학술제를 대신하였다. 〈마이리얼트립〉 여행사 전문 가이드의 설명을 영상으로 보면서 유튜브 채팅으로 소통하는 방식이 매우 흥미로웠다.

특히 바로크를 대표하는 화가이며, 고야, 마네, 피카소, 달리에게 강력한 영향과 영감을 준 벨라스케스와 대표작 〈시녀들〉에 대해 자세히 설명해 주셔서 좋았다.

프라도미술관 투어 반응이 좋아서 기회가 되면 졸업 전에 추가로 진행하자는 의견이 있었고, 마침 2021년 송년회 행사를 고민하던 〈인문학 인사이트〉와 콜라보하여 바티칸박물관 베스트 7투어를 랜선으로 진행하였다.

중세시대로부터 르네상스 시대, 바로크 시대 등 시대를 대표하는 거장들의 작품을 만날 수 있었는데, 특히 돌아가신 예수님을 안고 비탄에 잠겨 있는 모습을 디테일 하게 묘사한 미케란젤로의 조각상 〈피에타〉가 기억에 남는다.

COVID-19에 대한 두려움과 혼란으로 2020년 한 해를 보냈는데, 2021년 4월인 지금도 확진자가 줄어들지 않고 증가세에 있다. 빨리 COVID-19가 종식되어 대학원의 대표 행사들이 정상화되고, 원우들이 자유롭게 소통할 수 있기를 고대해 본다.

# 6

## 나는 아직도 배우고 있다

"안코라임파로! (Ancora imparo!)"

"나는 아직도 배우고 있다"의 이탈리아어다.

미켈란젤로가 시스티나 성당의 천장 그림을 완성하고 나서 스케치북 한쪽에 적은 글이라고 한다. 그때 당시 87세였다.

꼰대는 배우기를 멈춘 사람이고 배움에는 끝이 없다는 생각으로 50세에 대학원을 입학하였으나, 체력도 달리고 새로운 지식을 받아들이는 게 쉽지 않았다. 그렇지만 돌이켜보면 드라마 대사처럼 대학원에서 보낸 시간 모두 눈부셨던 것 같다.

등교하면서 학교 야경을 보면 힘이 났던 기억,
사계절 자연의 변화를 알려 주는 캠퍼스의 풍경들

등교하며 급하게 김밥으로 허기를 달래고, 수업 후 먹었던 맥주 한잔

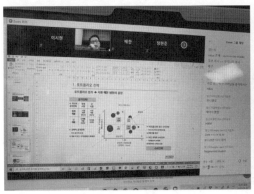

COVID-19로 인해 줌으로 이루어졌던 수업들과 방역수칙을 지키며 진행된 오프라인 수업들

대학원에서 주최하는 정기적인 특강과 트렌드, 인문학, 인사 학술모임

주말에 집안일을 미루고 개인/팀별 레포트 작성과 시험공부를 했던 기억

졸업하고 지금 생각해 보면 어떻게 가능했을까…. 잠시 꿈을 꾼 것 같은 생각도 든다. 대학원은 경영 트렌드를 빠르게 접할 수 있었던 기회였

고 배움에 열정이 큰 원우들을 만나서 평생 공부에 대한 자극을 받았다. 업무도 제대로 하기 힘든데 대학원 공부가 가능할까 고민 중인 분들이 있으시면 적극 추천을 해 본다.

한국 철학계의 1세대 교육자이자 베스트셀러 수필가인 전 연세대학교 철학과 김형석 명예교수님께서는 100세가 넘으신 나이에도 항상 공부하시는 '현역' 철학자이시고 강연 요청도 쇄도하여 매일이 바쁘다고 하신다. 감히 쉽게 따라할 수 있는 삶은 아니지만 계속 공부하는 삶을 소망해 본다.

**김진**

# 이기적 성장의 시간, MBA

# 1

## 어쩌다 UoS MBA

2017년 초, 사업을 정리했다. 벌써 두 번째다. 2012년 말 첫 번째 사업을 정리했던 느낌과는 사뭇 달랐다. 왜냐하면, 첫 번째 사업은 정말 초보 사장이어서 망했다고 생각했지만, 이후 두 차례나 다른 회사의 코파운더를 하며 다양한 경험을 했고, 이번에는 투자 유치까지 진행한 상황에서, 이렇다 할 성과 넘치는 회사를 운영하지 못하는 내 자신이 제법 원망스러웠다. 가족에게도 미안하고. 다시 취업을 해야 할까 고민이 들었다.

그러던 중에 음악극(뮤지컬)을 제작하는 회사 대표님과 미팅을 했다. 대표님의 이야기를 듣고, 회사가 갖추어야 할 기본적인 몇 가지 이야기들을 나누었는데, 무척 공감이 되었다며, 4회 미팅을 더 진행하자고 해서, 어쩌다 오지랖 컨설팅을 하게 되었다. 더불어 이 소식을 들은 두 개 스타트업(피부 측정 솔루션 개발사, 협업 솔루션 개발사)들이 마치 기다렸다는 듯이 함께 "우리도!"라고 말하는 바람에, 졸지에 2017년 5월, 업체 3개와 계약을 했다. 흥미로운 사실은, 이 회사는 이전처럼 내가 목적을 갖고 만든 회사가 아니라, 고객의 요청으로 만들어진 컨설팅 회사라는 것이다.

생각해 보니, 창업가들에게는 회사 창업/경영 등에 대한 상당히 많은 공부가 필요하다. 그런데 필자의 경우, 대학에서 컴퓨터공학을 전공했기 때문에, 현장에서 무려 10년 동안 창업을 겪고 배웠음에도, 이후 경영에 대한 이론적 학습은 현장에서 마치 쪽대본같은 책과 세미나를 통해서만 접할 수밖에 있었다. 결론적으로, 이 정도 타이밍에서는 경영학에 대한 원론적 정리가 필요하다는 생각이 들었다.

정말 마음 같으면 폼나는 Stanford, Insead, Whaton 같은 글로벌 MBA로 향하고 싶었다. 하지만 1년에 1억 원씩 드는 부담과, 아이를 셋이나 키우는 우리 사정에서는 가당치도 않은 상상이었다. 그렇다면, 국내 MBA는 어떨까. 간단하게 아래와 같이 표로 정리했다. (eMBA = Executive MBA)

| 학교 | 1학기 학비 | 학교 | 1학기 학비 |
|---|---|---|---|
| 서울대 eMBA | 20,000 | 서울대 MBA | 13,637,500 |
| 카이스트 eMBA | 20,000 | 연세대 MBA | 13,111,926 |
| 연세대 eMBA | 21,120 | 고려대 MBA | 13,219,732 |
| 고려대 eMBA | 20,000 | 성균관대 MBA | 8,390,600 |
| | | 한양대 MBA | 9,490,000 |

| | | 서강대 MBA | 10,654,024 |
|---|---|---|---|
| | | 중앙대 MBA | 9,590,903 |
| | | 서울시립대 MBA | 3,494,000 |

(단위: 원, 출처: 대학알리미(https://www.academyinfo.go.kr))

필자가 서울시립대를 선택한 것은 아주 현실적인 이유이다. 비교적 경제적인 학비, 괜찮은 대학 브랜드, 이 정도를 고려하면 이만한 학교가 없었다. 그래서 서울시립대 MBA를 선택했다.

# 2

## 셀프 감투 쓰기

2002년 대학을 다닐 때, 이제 내 인생에 학교는 그만이라고 생각했다. 그 시절 지루하고 재미없는 학교생활을 졸업하기만을 기다리면서 꾸역꾸역 학교에 다녔다. 개인적으로는 술도 싫어하는지라 친구들과 어울려 밤까지 달리는 것도 싫었다. 하지만 이제 와서 생각해 보니, 그 때는 잘 몰랐구나 생각이 든다. 구체적으로 왜 대학에서 공부를 해야 하는지에 대한 이유가 명료하지 않았고, 그러다 보니 때우기식 공부에 급급했고, 단순히 졸업 후 취직이라는 미션을 성취하기만을 애타게 기다렸다. 다행스럽게도 졸업하는 그 해 1월, 급한 마음으로 취직의 꿈을 이뤘다.

그런데, 그렇게도 싫어라했던 시절을 어떻게 잊었는지, 2018년 봄, 다시 학교라는 공간으로 돌아왔다. 학교는 싱그러운 대학생들이 깔깔거리며 젊음을 자랑하고 있었다. 지나다니는 청춘을 보면서, 예전과는 다른 여유로운 마음으로 캠퍼스를 맞이할 수 있었다.

입학을 앞둔 2월 말, 오리엔테이
션을 했다. 교수님들과 처음으로 만
날 수 있었고, 함께 공부할 동기들
그리고 2학년 원우회 여럿을 만날
수 있었다. 나는 서울시립대 MBA
29기였다. 간단한 인사를 마치고 조
편성이 이루어졌다. 졸업 때까지 함
께 손잡고 가라는 의미의 '조'라고
말했다. 나는 4조. 이어지는 순서는
당연히 조장 뽑기. "혹시 자원하실 분 계신가요?" 어색한 적막 속에 다들
눈치를 보고 있다. 나는 한숨을 먼저 쉬고, "제가 하겠습니다."라고 외치
며 손을 들었다. 다들 안도감 섞인 박수를 보내 왔다. MBA까지 왔는데,
그 예전 대학 때처럼 조용하고 따분하게 다닐 수는 없는 노릇이었다. 내
가 먼저 더 많은 사람들을 만나야지 생각하며 조장 역할을 용기내어 자
원했다. 우리 4조에는 다양한 사람들이 많았다. 삼성전자 20년, 임업 전
공자, 회계사, 사회복지사, 신발 회사 마케터, 뉴질랜드에서 살다온 20대
등 이제껏 내 인생에서는 한 번도 만나지 못했던 궤적의 사람들을 만날
수 있다니, 앞으로 더 많이 교제해 갈 생각에 가슴이 뛰었다. 공부도 공
부지만, MBA는 역시 네트워크의 힘을 얻는 곳이다.

한두 주를 지내고, 100명의 29기 원우들 중 대표를 뽑는 행사가 진행되
었다. 나는 기꺼이 지원했고, 춘계학술대회 행사에서 선거를 거쳐 29기
대표가 되었다. 무슨 일을 하는지도 모른 채 덥석 물어 버렸지만, 한 가지
기대할 수 있는 그림은 선명하게 가지고 있었다. 모든 원우들에게 손을

내밀며, '안녕하세요. 29기 기대표 김진입니다.'라고 하는 상상. 그렇게 나는 서울시립대 29기 원우들 중 그들을 가장 많이 아는 사람이 되었다.

내가 다른 전공 공부가 아닌 MBA를 선택한 것은, 공부 열심히 해서 석사를 따고 싶은 이유도 적지 않았지만, 단연 주요 이유는 열정 넘치는 MBA 원우들을 만나는 네트워크 효과에 대한 기대였다. 4조 조장이 되고 29기 대표가 되어, 함께 공부하는 매우 다양한 궤적으로 살아온 원우들을 만날 수 있었다. 필자는 지난 인생 동안 IT와 창업 계통의 사람들 위주로 교제해 왔는데, 이제는 상상할 수 없는 인생의 궤적들을 만날 수 있었다. 그곳이 MBA다.

사람들의 생각은 각각 다르다. 모두가 나와 같이 MBA를 기대하지는 않았을 테니까. 어떤 이는 졸업할 때까지 혼자 다니기도 하고, 어떤 이들은 졸업 때까지 서울시립대 MBA에 불만을 갖고 산다. 스무 살도 아닌데, 그만두면 되고, 아니다 싶으면 내가 하면 된다. MBA에 오셨다면, 마음껏 앞장서서 즐기다 가시는 것을 추천드린다. 그것도 아싸 말고 인싸로. 내 인생은 소중하니까.

# 3

# MBA 수업의 특징

　MBA는 일반적으로 직장 경력을 어느 정도 경험하고 입학하는 경우가 많다. 우리 조의 경우는 직장 경력 3년 차부터, 20년 차도 있었고, 은퇴를 앞둔 분도 있었다. 경력의 산업군도 수학, 임업, 회계, 사회복지, 컴퓨터공학 등 다양한 전공을 지나온 각각의 궤적들을 지내 와서 매우 다채롭다. 결론적으로, 이렇게 다양한 사람들이 MBA에서 2년간 함께 공부를 한다. 당연히 각 전공별 깊은 수준의 수업이 준비되는 것은 어렵다. 왜냐하면, 원우 각자의 영역에서는 전문가이지만, 다른 영역에 대한 지식은 깊지 않기 때문에 기초적인 이론 수업과 실무의 사례를 섞어서 수업이 만들어진다. 그래서 경영통계를 제외하면 발제가 많은 편이다.

## 1) 발표 스킬 업그레이드

나는 스타트업에서 계속 일했기 때문에 슬라이드 작성과 발표에 대한 경험이 많은 편이다. 사실 회사 현장에서의 발표는 항상 심각하고, 긴장 감이 흐르기 마련이었다. 피드백을 주고받기보다는 부족한 시간과 인원 때문에 항상 전쟁터를 방불케하는 것이 일반적이었다. 덕분에 스킬이 많이 늘기는 했지만, 식은땀을 흘리는 상황이 여러 번 있었기 때문에 이로 인해 스트레스를 받는 게 부지기수였다.

학교에 와 보니, 여유가 생긴다. 일단은 슬라이드를 만드는 것부터 민관, 정부 등 다양한 각자의 경험을 기반으로 한 사례를 참고할 수 있었다. 슬라이드의 스타일, 구조, 폰트 사이즈, 쪽 번호 등에 이르는 다양한 팁들을 듣게 되니 자연스럽게 내 슬라이드가 업그레이드 될 수 있었다. 발표를 하는 제스처, 발성의 엑센트 등 발표에 대해서도 기본부터 다시 생각해 볼 수 있었다. 모든 원우들이 각자의 영역에서 전문성을 갖추고 있어 때로는 날카롭게 피드백을 주기도 했고, 학생이라는 호칭 덕에 여유로운 발표를 경험할 수도 있었다.

## 2) UI/UX 이론 수업을 통해, 기획자 역량 업그레이드하기

필자는 학부에서 컴퓨터공학을 전공하고 개발자로 일하다, 창업을 하면서 기획자가 되었다. 흔한 SI, 웹에이전시 기획자로서의 경험을 거치지 못하고, 내 회사에서 기획자를 시작해 버린 셈이다. 그렇게 시작된 나의 기획 역량은 매번 검색을 통해 쪽대본을 찢어 공부하듯 시간에 쫓기며 기획서를 만들고 때우는 일에 익숙해졌다. 처음에는 워낙 기획에 대한 이해가 없던 터라 책이나 아티클을 통해 훈련할 수밖에 없었다. 그렇게 10년을 넘게 이 일을 하면서, 찍어 내듯 기획서를 작성하게 되었다.

그러다 우연히 C교수의 강의를 접했다. 평범한 'IT관리' 수업이었는데, 16주 강의 중 몇 개가 UI/UX의 이론 시간이 포함되어 있었다. 해당 수업을 들으며, 나의 10년여 기획 경험들을 돌아보게 되었다. 무작정 쳐내기에만 급급했었는데, 기본에 대한 이야기를 들으니, 정리가 되는 느낌이었다. 화려함과 트렌드에 묻혀 간과하기 쉬운 탄탄한 기본에 대한 이야기를 MBA에서 접할 수 있어 영광이다.


## 3) 교수자가 되기 위한 교수자 수업

MBA 동기 중에는 취업 컨설턴트와 취업 특강을 진행하는 원우가 있었다. 이 원우는 매 수업마다 교수자의 강의 스타일, 강의 콘텐츠에 대해 연구했고 교수자들에 대해서도 분석하고는 했다. 혹은 강의 중 사용되는 좋은 영상들을 찜해 두고 본인의 강의에 재활용하기도 했다. 나 또한 창업, 4차 산업혁명 관련 특강을 종종 하는데, 사실 나는 위 원우와 같은 마음은 없었다. 현업이 있는 상황에서 가끔 특강을 가는 터라 많은 관심을 갖지 못했기 때문이다. 다만 효율적인 강의 방법과 평가 방법에 대해서는 고민을 많이 했다. 사실 교수라는 직업 자체가 변화에 발맞추어 빠르게 적응하기 힘든 직업이리라 생각하기도 했다. 이렇게 기대가 없던 중에 2학년 1학기 K교수의 '경영 전략' 강의는 매우 인상적이었다. 매주

한 주간의 뉴스를 함께 읽었고, 최근(지난 2년 내) 하버드비즈니스 리뷰를 발제했으며, 경영전략에 대한 이론을 정리하는 강의였다. K교수님만큼 최신 자료를 가지고 오는 교수는 본 적이 없다. 그리고, 학생일 때만 만날 수 있는 자료들이 있는데, 그것들은 강의계획서, 강의자료가 그것이다. 본인은 MBA를 할 때부터 교수가 되겠다고 마음을 먹지는 않았지만(지금은 출강 중), 그때 더 많은 것들을 주의 깊게 봤어야 했다는 아쉬움이 남기는 한다. MBA는 강의 못하는 교수를 욕하기보다는 더 좋은 강의란 무엇인가에 대해 다른 원우들과 건설적인 고민을 하며 교수자들을 탐구해 볼 수 있는 좋은 기회라 생각한다.

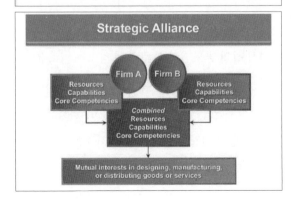

# 4

# 현업 15년의 이론적 체계를 집대성하다

필자는 학부에서 컴퓨터공학과를 졸업하고, 소프트웨어 개발자로 5년여 일했다. L정보통신에서 ERP 개발에 참여하는 일을 시작으로, D네트워크 웹서비스 유지보수, S우유 Oracle ERP 모듈 개선, A항공사의 관제 시스템 구축 프로젝트까지 5년여 개발자로 살았다. 구체적으로는 물류, 영업, 교육팀, 재무, 구매, 관제 등의 여러 부서의 프로세스를 분석하고 시스템을 구현하여 현업 프로세스를 개선하는 역할을 지원했다.

그러다 우연히 창업 공모전 수상을 통해 창업을 겁도 없이 저지르면서 좌충우돌 어설픈(?) 창업기를 시작했다. 개발자로만 살아온 인생이 사업자를 등록하고, 사무실을 구하고, 직원을 뽑고, 영업시스템을 고민하고 앉아 있기는 했지만, 김사장은 정말 애송이 사장이었다. (시간이 지나 지금은 이렇게 평가하지만, 솔직히 그때는 매우 진지하고 최선을 다했다.)

그래서 시작한 것이 창업과 경영에 대한 공부였다. 정부기관들의 교육도 적극 참여했고, 간혹 피와 살이 될 것 같은 교육은 돈도 내고 시간을 쪼개어 학구열을 불태웠다. 하지만 무심하게도 처음 벌인 회사를 폐업했고, 다른 회사들의 코파운더로 일해 보고, 2015년에 다시 창업한 회사도 2017년 초 정리를 감행했다. 그리고 드디어 10년여 스타트업 경험을 가지고 시작한 회사가 컨설팅 회사였다. 나와 같은 상황으로 시작하는 스타트업에 도움을 주는 수요가 또렷한 일이었다. 필자가 창업을 시작할 2008년보다 계속적으로 창업 시장이 커지고 있었고, 최근에도 창업에 대한 민관의 다양한 투자 지원과 관련 서비스가 확장되고 있는 상황이다.

이 시점에서 필자는 10년여의 창업 경험을 이론적으로 정리해야 할 필요를 느꼈다. 창업 현장에서 경영학을 접한 덕에 관련 지식을 다소 쌓기는 했지만, 이를 체계적으로 정리하고 다른 이에게도 전해 줄 수 있는 수준의 학습 과정이 필요했기 때문이다. 실제로 입학을 해서 보니, 경영학에 대한 체계를 제법 느낄 수 있었다. MBA 과정은 회계, 재무, 인사/조직, 마케팅, 생산/서비스 관리, 경영정보관리, 국제경영으로 구성되어 있다. 창업을 하면서 느꼈던 경험들이 구석구석 서랍 속에 잘 들어가 있는 느낌이었다. 매년 회계사와 재무제표를 맞추던 느낌들을 회계 수업에서, 투자와 회사의 가치 평가에 대해서는 재무 수업에서, 직원들에 대한 보상 설계를 인사 수업에서, 숱한 마케팅 성공 사례들을 마케팅 수업에서, 서비스를 제공하기 위한 무거운 함의를 생산관리에서, 데이터를 쌀알처럼 훑었던 느낌을 경영정보관리에서, 해외 바이어와 소통했던 경험에 대해서는 국제경영에서, 각 수업에서 마치 오래전 추억들을 소환하듯 감상에 빠지는 것은 그리 어려운 일이 아니었다.

특히 J교수는 수업 중에 계속 원우들의 질문을 유도하곤 했다. 본인의 이론과 관련된 원우들의 경험이나 이론이 실제로 현업에서 어떻게 사용되고 있는지를 확인하는 것처럼 느껴졌다. 이렇게 되면 수업이 굉장히 뜨겁고 매우 풍성해진다. 이론과 경험이 만나는 MBA라니! 원우들의 배경도 워낙 다양해서, IT 창업을 경험했던 내 입장에서는 매우 생경한 내용이 많아 이들과의 수업은 항상 즐거웠다. 마치 학문의 즐거움이랄까! 이렇게 나의 현업 15년을 정리하고, 앞으로 더 쌓을 기반을 닦아 놓을 수 있어, 참 고마운 시간이 아닐 수 없었다.

# 5

## 찐MBA, 트렌드학술 모임

입학해서 보니, 원우회 내에 다양한 동아리가 있었다. 마라톤, 산악회, 인문학 등의 다양한 동호회가 있었는데, 대부분 술 먹는 친목 모임의 성격이 강했고, 사업에 대한 이야기, 원우들의 경험을 공유할 수 있는 MBA 다운 모임이 필요하다는 생각이 들었다. 그래서 2018년 4월, 몇 원우들과 모임을 시작했다. 그것이 트렌드학술 모임의 첫날이었다.

모두들 현업에서 일하는 원우들이기 때문에, 특별한 주제를 결정할 필요도 없었다. 자신의 일에 대한 이야기를 돌아가면서 발제하고, 필요하면 도움을 주고받을 수 있는 이야기를 덧붙이곤 했다. 서울시립대 창업지원단과 콜라보 행사를 진행하기도 해서, 대학생 창업자들과 교류를 하거나, 외부 행사에 함께 참관을 가기도 했다. 마침 신촌에서 IF2018행사가 있어 함께 다양한 스타트업의 아이템들을 돌아보며, 신촌의 젊음을 만끽했다.

우리는 보통 메인행사를 3시간 정도 진행했다. 간단한 책 소개, 짧은 트렌드 읽기, 주제 발제의 형식으로 이루어졌고, 행사 후 뒤풀이도 보통 2시간 이상 진행하며, 못다 한 이야기를 이었다. 우리 모임에 오는 원우들은 기본적으로 지적 호기심이 넘쳤고 그에 수반되는 열정이 큰 사람들이었기 때문에, 경영대학원의 여느 수업보다 뜨거웠고 끝나는 시간도 못내 아쉬워했다. 연말 송년회도 반가운 얼굴 만나 술 먹기에만 집중하는 여느 모임과 달리, 공간을 대여하고, 프로그램을 기획해서 진행했기 때문에, 잊지 못할 추억을 만들 수 있었다.

필자는 트렌드학술 모임의 목적이 실용이라 생각했다. 우리는 이 MBA

를 어떻게 활용할 것인가에 대한 고민이 필요하다고 생각해서 시작했기 때문에, 우리 모임을 통해 성공적인 이직, 창업 등의 비즈니스의 실질적 도움이 되기를 기대했다. 시간이 흐르면서, 우리는 매일 조간 신문을 같이 보고, 시도 때도 없이 날라오는 트렌드 뉴스를 읽어 내고, 비즈니스의 수요 공급을 논하는 모임이 되었다. 혹자는 이직에 성공했고, 혹자는 제품에 대한 의견을 얻었다. 혹자는 어려운 사정 가운데 놓인 회사를 살릴 컨설팅을 받았고, 적합한 사람을 소개해 주었다.

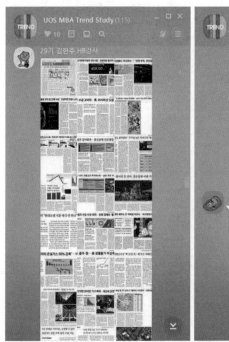

MBA에 대체 뭐가 있는데요?

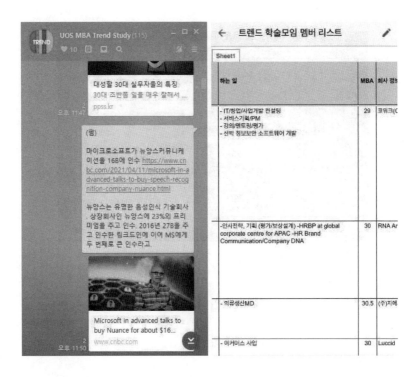

    2020년 코로나의 끝을 기다리다, 우리도 온라인 모임으로 전환했다. 그래서 기존에는 상상하지 못했던 외부 전문가를 초빙해서 고퀄리티 세미나를 진행하고, 매번 우리 원우들의 발제를 3개씩 듣고 있다. 그것도 일요일 저녁 7시에. 트렌드 학술모임 4년 차를 보내며 어려운 점이 없었다면 거짓말이겠지만, 이 모임은 MBA를 통해 얻은 나의 가장 큰 네트워크이다. 기존 서울시립대 MBA가 주지 못했던 것을 우리가 성취한 것이다. 또한 서울시립대 MBA에 앞으로도 기여할 수 있는 우리가 할 수 있는 일이다. 이 좋은 사람들과 죽는 날까지 같이 교제하고 함께 성장할 수 있기를 진심으로 기대한다.

# SNS의 미래

클럽하우스 – 블록체인 – AI – 메타버스

PS. 우리 모임 4년 차에 커뮤니티 운영을 위한 노하우를 약간 덧붙입니다.

### 1. 온라인 채널 정하기

- 카톡 오픈 단톡방 강추.
- 밴드, 카페, 페북그룹 등은 접근성 떨어짐.
- 대상에 맞게 결정하는 게 필요함.

## 2. 카톡 기능 활용하기

- 알림 꺼두기.

- 캘린더 사용하기.

- Reply/mention 이용하기.


## 3. 서너 명의 적은 인원으로 시작해도 좋다


## 4. 리더가 힘들지 않고 즐겁게

- 오지랖이 행복하다.

- 아무도 발제하지 않으면 내가 발제한다.

- 비즈니스 성사, 이직, 창업 지원이 가장 큰 결실.


## 5. 입장 시 자기 소개 필수

- 가끔 매너 없이 입장하자마자 광고하는 사람 있어요. 그럼 혼내 주세요.

- 모두 함께 환호해 주세요.


## 6. 포스팅 종류

- 사업 지원 및 소개 요청.

- 개인 관심사 지원.

- 트렌드 뉴스.

- 생일 축하.

- 학교 일정 공유.

- 자료 요청.

## 7. 오프모임

- 회사 소개 및 멤버 간 업무 관련 발제.

- 수업 중 발제 내용의 재활용.

- 책 소개 등.

**최성문**

안주(安住) 대신 변화는
영특함을 만든다

# 1

## 어쩌다 MBA

시대의 트렌드를 정의하는 데 있어 우리는 그 시대를 살고 있는 세대 (Generation)에 대한 정의를 먼저 내린다. 제2차 세계 대전 이후 참전 군인들이 복귀하면서 혼인율 증가와 출산율이 높아진 시기에 태어난 세대를 X세대, 그 이후 1982년부터 2000년대 사이 태어난 세대를 밀레니얼이나 Y세대라고 부른다. 그리고 2000년대에 태어난 Z세대가 있다. 이렇듯 우리는 그 시대를 살고 있는 집단에 이름을 붙여 사용한다.

이 밖에 외국에서 명명되어 사용하는 용어뿐만 아니라 우리에게 친숙한 용어도 많이 정의되어 있다. 88만 원 세대는 2000년대 초반 비정규직 평균 임금인 119만 원에서 20대가 벌어들이는 비율인 73%를 곱한 숫자를 통해 사회초년생과 취약계층을 대변하는 세대로써 우리 사회의 불평등에 대해 꼬집었다. 또한 기성세대가 자주하는 말을 패러디한 '라떼는 말이야' 열풍에서 고리타분한 직장 상사를 비꼬는 꼰대와 MZ세대, 코로니얼(Coronials)세대 등의 용어를 즐겨 사용하면서 특정 세대를 위한 공감대나 동질감을 형성할 수 있도록 용어를 만들어 사용한다. 세대를 지칭하는 용어를 가장 많이 활용하는 곳은 마케팅 분야이다. 집단을 이용한 마케팅은 효과가 높으며, 마케팅 대상을 타기팅(Targeting)하여 마케팅 역량을 집중하면 성공 확률이 높아짐으로 마케팅 부서는 시대적 상황을 고려한 후에 마케팅 대상을 선정하여 전략을 세운다.

시대를 살고 있는 다양한 연령대의 구성원들은 출생 시기에 따라 수혜받은 세대 혹은 버림받은 세대라고 구분하는 사람들이 있다. 많은 사람들은 이렇듯 태어난 나라의 시대적 상황에 따라 삶의 난이도가 결정된다고 믿고 있다.

우리나라의 경우 고성장 시기에 태어난 우리 아버지와 어머니 세대는 비록 노동환경이 열악할지라도 열정과 성실함을 기반으로 부를 쌓았으며, 국민연금과 같은 사회안전망이 어느 정도 자리 잡아 수혜를 받고 있다. 하지만 1990년대 이후 태어난 지금의 청년세대인 밀레니얼세대와 Y세대, 곧 청년이 될 Z세대의 삶의 난이도는 예전보다 상상도 못할 만큼 난이도가 높아졌다. 미래의 사회 안전망이 Z세대 노후를 책임져 줄지 호언장담하기 어려운 미래를 향해 가고 있으며, 우리의 삶은 불안정하게 느껴진다.

사회로 나가는 첫 관문인 취업에서 청년세대들은 좋은 회사로 분류되는 대기업, 공공기관, 공기업 입사를 위해 취업 스터디를 하면서도 다른 사람에 비해 부족하다고 느끼는 점을 채우기 위해 추가 스펙(Spec)을 준비한다. 취업 준비는 극소수만 하는 것이 아니라 대다수 청년들은 이런 루틴으로 취업을 준비하고 있다. 그럼에도 불구하고 취업의 문턱은 좁으며, 주요 기업들의 공채 경쟁률을 보고 있으면 숨이 턱 하고 막힌다. 취업에 성공하고 나더라도 결혼, 출산, 노후 준비를 생각하면 나조차도 버거운 현실에 가슴이 먹먹해진다.

다만 청년들의 삶이 어렵다고 해서 그 이전 세대의 삶이 마냥 쉽다고 이야기할 수는 없다. 각 시대를 살아가는 세대들의 고난과 역경이 있었 겠지만, 지금의 청년들은 그저 남들과 같은 삶 혹은 순탄한 삶을 기대하 며 하루를 살아간다. 많은 청년들에게 지금의 고단함을 이해할 수 있는 어른이 아닌 과거 삶의 잣대로 판단해서 이야기하면 살아온 방식이 다 르므로 이해와 공감을 얻을 수 없게 된다. 서로를 이해하지 못하면 오히 려 반감만 불러일으킬 수 있다.

나를 포함한 88 서울 올림픽 이후 태어난 세대의 경우 IMF(International Monetary Fund) 사태, 2008년 서브프라임 모기지 사태(Subprime Mortgage Crisis), 2020년 코로나19로 발발된 팬데믹(Pandemic) 사태를 겪으면서 우리 삶의 난이도는 자꾸만 높아져 갔다. 특히 주변 환경에 영향을 받는 나는 현실에 안주하는 것 대신 변화와 지식을 갈구하게 되었다. 지식에 대한 갈구는 결국 스스로를 끊임없이 계발하고 성장시켰으며, 쌓인 지 식을 통해 철학과 지혜를 만들어 갔다.

어린 시절부터 나는 컴퓨터 다루는 것을 좋아하고 프로그래밍(Programming) 에 관심이 많아 컴퓨터 관련 도서를 통해 프로그래밍을 독학했다. 본격 적으로 컴퓨터 학문에 대한 길을 걷기 시작한 것은 고등학교 때부터였 다. 교내 컴퓨터 동아리에서 활동하면서 시·도에서 주최하는 각종 행사 와 대회에 나가 수상을 했다. 고등학교 졸업 이후 대학교에 진학하면서 전공 선택에 대한 고민 끝에 소프트웨어 공학을 전공하기로 선택했다.

대학교 입학 이후 컴퓨터 분야 말고도 다양한 분야를 공부하면서 내가 그리던 모습에 다가갔다. 지금 돌이켜 보면 당시 나는 화이트칼라에 대한 막연한 환상이 있었다. 그 환상 때문에 나의 꿈은 양복을 입고 컴퓨터 관련 일을 하고 싶다고 무작정 미래를 그렸다.

일반적으로 대부분의 사람이 모두 꿈을 이루고 사는 것은 아니다. 다행히도 나는 당시 품었던 꿈을 이루고 살고 있다. 지금은 양복이라고 하지 않고, 전투복으로 부르는 양복을 입고서 IT 분야에서 일하고 있다. 나는 프로그램 개발자 대신 컨설팅 분야를 선택했다. 컨설팅 업무는 고객사에서 발생하는 어려움이나 문제를 해결하는 일에 집중한다. 문제를 해결하기 위해 조직 내부의 현황 진단을 수행하고, 현황 진단을 통해 도출되는 개선 과제의 시급성에 따라 중장기 계획을 수립하는 역할을 한다. 컨설팅 결과는 기업들의 체질과 업무 방향성을 설계하기 때문에 업무에 대한 책임감과 더불어 상대방을 설득할 수 있는 근거와 논리가 필요하다.

내가 하고 있는 일을 단번에 이해하는 사람은 많지 않다. 그리고 컨설팅을 설명하면 많은 사람들은 보험, 재무 컨설팅으로만 생각하기 마련이다. 많이 알려지지 않은 컨설팅 분야에서 종사하고 있는 나의 이야기를 통해 어떠한 고민과 생각을 가지고 살아가는지 한번 이야기를 해 보고 싶었다. 그리고 MBA(Master of Business Administration)를 진학하게 된 과정에 관해 이야기를 하면서 좋은 컨설턴트(Consultant)가 되어 가는 과정과 삶을 대하는 자세에 관한 이야기를 이번 책을 통해 말해 보고 싶다.

어느덧 IT(Information Technology) 분야에서 5년 이상 컨설팅을 수행

하면서 경영을 알아야 한다는 것은 숙명과도 같았다. IT의 경우 기업 경영활동을 위한 지원 조직으로 배속되어 있다. 특히 IT 기획부서의 경우 예산을 획득하는 과정에서 사업의 당위성과 ROI(Return On Investment)를 끊임없이 생각해야 한다. 이 점을 고려하지 않으면 재무, 총무, 감사 부서를 거치면서 예산이 삭감되거나 예산 자체가 없어지는 일이 비일비재하다. 결국, IT 일을 하면서 기업 경영을 모른다는 것은 제대로 된 부서 기능을 할 수 없다는 것을 의미한다.

컨설팅을 통해 현황 진단을 하면서 점차 보수적으로 변해 가는 것을 알게 되었다. 감사 및 평가 업무를 수행하다 보면 운영을 적절하게 하고 있는지 끊임없이 확인해야 한다. 특히 운영 현황 확인은 자신을 보수적으로 만들고, 경영 활동에 대한 고려 없이 평가하는 경우가 종종 있었다. 일을 하면 할수록 '내가 하고 있는 평가가 진정으로 경영 상황을 맞춰 평가하고 있는가?'라는 의문을 갖게 했다. 의문은 곧 고민이 되었다. 고민에 대한 답은 결국 경영에 있다고 생각하여, 경영을 알아야 할 필요가 있다고 생각했다. 연차가 쌓여 갈수록 경영을 알아야 회사의 비전, 방침, 전략 등을 바탕에 두고 진단 및 평가를 해야 식별되는 갭(GAP)에 대해 현실성 있는 방안을 제시할 수 있지 않을까?라는 생각은 확고해져만 갔다.

처음에는 이공계 출신으로서 인문의 꽃인 경영을 이해하기 어려웠다. 물론 대학교에서 교양 과목으로 이수하기는 하였지만, 회사 생활을 하면서 다시 접한 경영은 나에게 새로운 인사이트(Insight)를 주는 데 충분했다. 하지만 인사이트와는 별개로 '과연 전문성을 가지고 있는가?'라는 고민은 항상 하고 있다. 내가 종사하고 있는 분야에서 전문성을 기르는 것이 옳은지에 대한 답을 찾는 것은 어렵다. 그렇지만 나의 기준에서 보면 최근 시대적 흐름은 스페셜리스트보다는 제너럴리스트를 선호한다고 생각한다. 융합의 시대에서 인문과 공학에 구애받지 않고 다양한 학문을 알아야 한다고 본다. 최근 고등학생과 대학생에게 자율전공을 전공하게 해서 폭넓은 경험을 하도록 유도하고 있다. 점점 시대는 다양한 능력을 요구하고 있다.

MBA를 진학하는 데는 다양한 이유가 있지만, 나의 경우는 우선 보수적으로 변하는 자신에게 기업의 비즈니스를 이해하고 실현 가능한 방안을 제시하고 싶었다. 더 나아가 다양한 원우들과 교류하면서 나를 반성하고 인생 로드맵을 설계하는 데 도움을 얻고 싶었다. MBA 이전의 삶은 새장 속에 갇혀 있었다고 생각한다. 갇힌 생각을 깨닫게 한 것은 코로나19였으며, 자기계발의 중요성과 항상 겸손하고 예의 바른 자세의 중요성에 대해 더욱더 깨닫게 되었다. MBA 진학을 하면서 인생의 큰 변화는 없다. 그렇지만 다양한 분야의 지식을 습득하면서 엄청난 자아실현을 하고 있다.

# 2

## 컨설팅에서 MBA 학위란

컨설팅의 분야는 다양하다. 재무, 회계, 마케팅, 인사, 경영 전략, IT, M&A, 부동산 등의 분야에서 기업이 고민하고 있는 다양한 문제를 해결한다. 앞서 말하고 있는 분야에서 이슈가 발생하면 기업들은 자체적으로 문제를 해결하는 경우도 있겠지만, 자체 역량으로 해결이 어렵거나 제삼자의 시야에서 공신력 있는 컨설팅 집단을 통해 문제 해결의 실마리를 찾는다.

지금까지 컨설팅 용역을 수행하면서 겪어 본 바는 컨설팅을 하기 전에 기업 자체에서 문제를 해결해 보려고 시도를 했지만, 시도하는 과정에서 잘 해결되지 않는 문제를 보통 용역 과제로 선정한다. 용역 과제를 수행하는 컨설턴트는 용역 요청 기업 내에서 알기 어려운 외부 정보를 통해 문제 해결 방안을 제시한다. 외부정보는 보통 선진사례(Best Practice)와 시장 트렌드(Trend) 분석을 주로 활용하여 시장내 주요 선진사 혹은 산업의 키플레이어 정보를 고객에게 제시하여 문제를 해결할 수 있도록 돕는다.

고객의 요구사항에 부응하기 위해 컨설팅회사는 주요 글로벌 기업에 대한 정보력과 각종 네트워크를 활용하여 외부에 노출되지 않는 정보를 내부 지식 데이터베이스에 축적하게 된다. 보통 글로벌 컨설팅 업체를 4단계 티어(Tier)로 나눌 수 있으며, 구분 유형은 [그림 1]을 통해 확인할 수 있다.

그림 1. 컨설팅社 주요 업체

Tier 1에는 맥킨지 앤 컴퍼니, 베인 앤 컴퍼니, 보스턴 컨설팅 그룹(BCG)의 회사가 있다. 해당 회사들은 세계에서 가장 권위 있는 컨설팅 회사로 위 회사를 선정하여 프로젝트를 수행하는 경우 프로젝트 수행 금액은 각 티어 중에서도 최고가로 용역을 수행한다.

Tier 2에는 액센츄어(Accenture), 올리버와이만(Oliver Wyman), AT커니(A. T. Kearney), LEK컨설팅(L. E. K Consulting) 등의 회사가 다음 그룹을 구성하고 있다.

Tier 3를 구성하고 있는 회사는 글로벌 4대 회계법인으로 구성되어 있으며, 우리나라에서는 원펌(One Firm) 혹은 멤버펌(Member Firm) 방식을 통해 글로벌 네트워크를 구성한다. 글로벌 네트워크를 보유한 각 회계법인 들은 회계감사에 국한되지 않고 다양한 분야의 컨설팅 용역을 수행하고 있다.

컨설팅회사 내의 네트워크뿐만 아니라 각 컨설턴트가 보유하고 있는 인맥과 정보력 또한 우수하다고 볼 수 있다. 각 컨설팅 사의 채용 공고를 살펴보면 MBA 출신을 우대하는 경우가 많다. MBA 출신을 선호하는 이유는 MBA 과정에서 형성되는 각종 네트워크와 현장감 있는 지식의 가치를 인정하기 때문이다. 물론 컨설팅 회사에서 근무하기 위해 MBA가 반드시 필요한 것은 아니다. 그리고 MBA 학위가 없는 컨설턴트도 많이 있다. 하지만 직급이 오르면 오를수록 MBA에 대한 수요가 높아지는 것을 참고할 필요가 있다. 이러한 현상은 컨설팅회사뿐만 아니라 주요 대기업 임원들의 학력사항을 보면 MBA 혹은 경영학 석/박사 과정을 이수한 임원들이 많이 포진된 사례를 보면 알 수 있다.

이렇듯 쓸모없다고 보일지 모르는 MBA 학위는 높은 직급에 오르게 될수록 필요한 자격임은 틀림없는 사실이다. 그리고 컨설팅 업계는 기업 임원들을 상대하는 경우가 많기 때문에 적어도 임원과 비슷한 수준이거나 좀 더 나은 학력을 보유하고 있을 필요가 있다.

만약 학력 선호 현상이 와닿지 않는다면 회사 내 롤모델로 생각하고 있는 상사 혹은 성공한 사람으로 평가받는 사람의 CV(Curriculum Vitae)나 프로필을 검색하여 살펴보는 것도 좋은 방법이라고 생각한다. 만약 살펴보는 과정에서 롤모델로 삼은 사람을 따라가기로 결심하고 실천한다면 어느새 그들이 달리고 있는 성공 가도를 쫓아가게 될 것이다.

직급이 오를수록 업무 능력뿐만 아니라 더욱더 요구되는 것은 관리 능력이라고 생각한다. 관리는 일을 직접적으로 하는 것이 아니라 팀 구성원 관리를 의미한다. 왜냐하면, 직급이 오를수록 내가 직접 일을 하는 것보다 팀 내 구성원에게 일을 배분하면서 더 많은 일들을 관리해야 하며, 더 나아가 팀원들의 성장을 독려하고 그들의 가치를 올리는 일에 힘을 더 써야 하기 때문이다. 이러한 스킬을 스스로 배우거나 깨닫기에는 한계가 있기 때문에 이 모든 것을 배울 수 있는 MBA에 진학하는 것이 더 좋은 방법이라고 생각한다.

# 3

# 위드(With) 코로나 시대의 MBA 생활

컨설팅 회사에서 일을 하는 주변 동료들은 대학원 석사를 졸업하고 인턴십(Internship)부터 시작하는 경우가 일반적이다. 물론 학사 졸업 후에 인턴십을 시작하기도 하지만, 높은 직급의 직장 동료의 경우 학사 학위만 보유하기보다는 이미 석·박사 학위를 모두 보유하고 있는 경우도 많다. 게다가 부족하다고 느끼는 동료들은 회사 생활을 하면서 석·박사 코스를 하고 있다.

직장을 다니면서 학업을 병행한다는 것은 결코 쉬운 일은 아니다. 물론 쉬운 일은 아니라고 하더라도 도전하지 못할 일 또한 아니다. 세계적인 성공 철학의 거장인 나폴레온 힐(Napoleon Hill)은 '성공은 도전하는 자에게 정복된다'라는 제목의 책을 썼다. 이렇듯 성공은 도전하는 자에게 정복된다는 말을 가슴속에 품은 채 그저 하루하루를 도전해 가는 것 말고는 성공의 왕도는 없다고 본다.

대학원 진학을 도전했을 때는 가벼운 마음이었다. 2019년 10월 가을 즈음에는 중국 내 코로나19 창궐이 시작되는 시기였으며, 팬데믹 (Pandemic)으로 사태가 확산할 것으로 예상조차 하지 못했다. 보통 장기 프로젝트를 수행하면 프로젝트의 업무가 상당히 반복적으로 흘러가기 때문에 다양한 생각들을 해 보기 좋다. 다른 한편으로 이야기하면 도전하지 않으면 게을러지기 좋은 시기라고 볼 수 있다. 당시 새로운 배움에 대한 갈증과 다양한 업종에 있는 사람들을 만나면서 함께 배움을 얻고 싶다는 생각이 들어 대학원 진학을 결심했다.

내가 종사하고 있는 영역에서 주변 직장 동료와 커리어를 비교해 보면 MBA 진학 비율은 상대적으로 떨어진다. 내가 일하는 분야는 IT 영역이기 때문이다. 나에게 MBA 선택은 무모한 도전이라고 볼 수 있다.

주변 동료 들은 IT컨설팅 영역을 하고 있으므로 MBA 진학을 선택하기보다 IT 영역의 스페셜리스트가 되기 위해 대학원 진학을 선택하는 경우가 많다. 처음에 직장 동료에게 MBA를 진학한다고 말했을 때 다들 파트너가 되려는 야망이 있냐고 물었다. 하지만 컨설팅의 꽃인 파트너가 되기 위해 MBA를 진학하는 것은 아니었다. MBA에서 얻고 싶은 것은 비즈니스에 대한 본질적인 이해와 시야를 얻고 싶었다. 이런 진중한 이야기를 하는 걸 좋아하지 않기 때문에 이 사실을 알고 있는 사람은 많지 않다. MBA 학위 취득 목표를 세운 다음에는 어떤 대학을 진학할 것인가를 고민했다.

우리나라에는 수많은 대학이 있지만, 직장 인근에서 접근 가능한 거리에 위치하고 있는 대학은 서울이나 수도권에 있는 대학이었다. 다시 한번 수험생이 된 것 같은 기분이 들었다. 특히 고3 시절 대입을 위해 지원

할 수 있는 학교를 알아보던 중 서울에 수많은 대학이 위치하고 있다는 사실에 놀랐으며, 이 대학 중에서 내가 갈 수 있는 대학의 수가 한정적이라는 사실에 충격을 받은 기억이 떠올랐지만, 우선은 각 대학에서 운영 중인 MBA 코스를 확인하기 위해 모집요강을 살펴봤다. 많은 대학에서 MBA를 운영하고 있지만, 안타깝게도 내가 선택할 수 있는 가장 우선적 조건은 '가성비'와 '직장병행'이었다.

두 가지 선택사항을 고려하여 다양한 모집요강을 검토한 끝에 서울시립대를 선택했다. 서울시립대는 최고의 조건이었다. 서울에 위치하고 있어 직장에서 접근이 가능하였으며, 평일/주말 수업을 적절하게 배분하고 학비 또한 실용적이어서 부담이 적었다.

모집 요강의 절차에 따라 입학신청서를 제출하고, 면접 과정을 통해 최종 합격자가 된 순간 기분은 묘했다. 당시의 기분은 문과생에게 코딩을 가르쳐 양성하고자 했던 융합형 인재가 된 기분이었다. 하지만 합격의 기분은 일주일도 채 가지 않았으며, 밀려오는 일에 치여 살면서 합격 사실도 어느새 잊어버렸다. 겨울이 지나 봄의 기운이 만연해지기는 하였지만 코로나19의 전 세계적인 창궐은 나아질 기미가 보이지 않아 걱정은 깊어만 갔다. 첫 입학은 혼란의 연속이었다.

대면 수업으로 개설된 수업은 사회적 거리두기 단계에 따라 비대면 수업으로 전환되었으며, 교수님과 학생 모두 혼란의 연속이었다. 혼란과 코로나 블루가 겹치면서 학업을 중단해야 하나 많은 고민을 했다. 특히나 MBA 선후배와의 교류를 기대한 원우 분들의 아쉬움이 자꾸만 전해졌다. 나 또한 아쉬움이 있었지만 빠르게 적응하는 방법 외에 뾰족한 수가 없었다.

혼란의 상황 속에서 학생회는 빠르게 상황을 수습해 갔다. 중단되었던 교류 행사를 온라인으로 전환했으며, 어느덧 사람들은 현재의 상황 속에서 빠르게 적응하고 온라인 진행 행사를 적극적으로 참여했다. 처음에 대면행사를 통해 네트워크를 만들고 싶다는 생각이 강했지만 비대면 행사의 장점인 시간과 지역에 구애받지 않는 장점이 훨씬 더 매력적으로 다가왔다. 특히나 업무 특성상 프로젝트 단위로 업무를 수행하기 때문에 지리적인 위치가 고정적이지 않으며, 업무 강도 또한 일정하지 않기 때문에 어느덧 현재의 상황에 상당한 만족감을 얻을 수 있었다. 특히 온라인으로 주최되는 학술모임과 총회, 언택트 해외 여행, 트렌드 학술 모임 등을 정기적으로 참여하였으며, 행사에 자주 참여하다 보면 화상으로 보는 얼굴에서 온기를 느낄 순 없지만 함께 공부를 하고 있는 원우라는 사실과 더불어 어느덧 익숙함이 생긴다.

대면을 통한 대학원 생활은 원우 분들과 교류의 기회가 존재하지만 관계를 형성하는 데 있어 분명 한계가 존재한다. 그러므로 비대면을 통해서도 충분히 네트워크를 형성할 수 있다고 생각한다. 관계 형성은 공감과 나의 적극적인 태도라고 생각한다. 올 한 해가 저물어 갈 때면 현재 상황이 어떻게 변해 갈지 알 수 없지만 확실한 사실은 MBA 진학 시의 마음처럼 새로운 것을 배우기 위해 노력하고 있는 사람들과 공부를 할 수 있는 기회를 잡은 것에 감사함을 느꼈다는 사실이다. 때때로 자만에 빠져 있을 때마다 다양한 원우 분들의 학습 태도와 열정을 보고 있으면 다시 겸손해지고 그분들의 열정을 배우게 된다.

코로나와 함께하는 MBA는 시련만 있지는 않았다. 역경이라고 생각한 순간에는 출구 없는 미로처럼 너무나 고통스러웠지만, 그 상황을 받아

들이는 순간 새로운 세상이 열렸다. 시간과 지역적 한계가 무너지고 배움의 열정이 가득 찬 온라인 클래스에 함께 모여 열심히 수업을 들었으며, 마냥 차갑게만 느껴졌던 비대면 수업에서도 어느새 익숙함과 온기가 느껴지는 것 같았다. 일련의 코로나19 사태를 통해 일체유심조(一切唯心造)의 깨달음을 얻었다. 이 사자성어는 모든 것은 내가 어떻게 마음먹었는가에 따라 달려 있다. 이번 시기를 통해 나는 한 단계 성숙했다. 어리석게도 옛 성인의 말씀이 현재 상황과 맞지 않는다고 생각하였지만 지금 시기에는 이보다 더 맞는 말이 어디 있을까? 앞으로도 지금 시기에 얻은 깨달음과 배움을 잊지 않고 계속 성장해 갈 수 있는 원동력으로 삼겠다.

# 4

# 새로운 인사이트 제공을 위한 노력

　컨설팅은 고객에게 새로운 인사이트(Insight)를 제공하는 것을 중요한 요소라고 생각한다. 인사이트를 단순히 번역하면 통찰을 의미하는데 통찰은 자기를 둘러싼 내·외적인 구조를 새로운 관점으로 파악하는 일을 의미한다. 이를 위해 선행되어야 하는 것은 고객사의 입장에서 문제점을 인식해야 한다. 그중에서도 가장 좋은 방법은 고객을 이해하는 것부터 시작한다.

　이를 이해하기 위해서는 먼저 고객이 컨설팅을 의뢰하는 과정을 살펴보아야 한다. 컨설팅을 의뢰하게 되는 다양한 이유가 있으나 경험에서 비추어 보면 고객은 제안요청 전에 내부 프로젝트를 수행하면서 어려움에 직면하게 된다. 이 과정에서 문제가 해결되지 않는 경우 내부 프로젝트 진행 대신 외부 전문가를 통해 문제를 해결하기로 의사결정을 하면 내부보고 이후 컨설팅 의뢰를 위해 예산을 편성한다. 이러한 경우 고객은 과제에 대한 이해도가 높아 과제의 난이도 또한 높다. 특히 과제에 대한 이해가 높은 고객과 함께 컨설팅을 수행하면 고객은 적극적으로 참여한다. 적극적인 고객과 함께 프로젝트를 수행하게 되면 쉽지 않지만 더욱더 큰 성장과 배움이 따라올 수밖에 없다.

컨설턴트는 고객사의 내부 프로세스와 환경을 이해하는 데 한계가 존재할 수밖에 없다. 그러므로 적극적인 고객과 함께하면 좋은 컨설팅 결과를 얻을 수밖에 없는 구조이다. 밤바다에 배를 타고 목적지로 가는 일을 컨설팅에 비유하면 배는 컨설팅 팀이 되고 밤바다에서 배를 타고 목적지로 가는 것을 수행 과제라고 볼 수 있다. 목적지로 가는 것은 컨설턴트가 하는 일이지만 고객이 등대가 되어 길을 비추고 올바른 길을 안내한다면 컨설턴트는 그 길이 아무리 어려울지라도 등대를 길잡이 삼아 함께 목적지로 나아간다. 컨설턴트로서 목적지에 가는 가장 빠른 방법을 묻는다면 그것은 컨설턴트가 체득한 경험(Experience)과 방법론(Methodology)이 있다.

첫째, 경험(Experience)은 컨설턴트가 다양한 고객의 프로젝트를 수행하면서 얻게 되는 노하우(Know-How)를 의미한다. 노하우는 고객의 내부 프로세스와 환경을 이해하는 데 빛을 발휘한다. 예를 들어 현황을 파악하는 데 4주가 소요된다면 유사 프로젝트를 수행한 컨설턴트는 며칠 만에 내부 프로세스를 다 파악하고 문제점을 찾아낼 수 있으며, 개선 과제를 제시하는 과정에서 선진사례 등을 포함하여 제시할 수 있다.

둘째, 방법론(Methodology)은 프로젝트 과제의 일을 해결하는 방법을 의미한다. 방법론이 잘 정립되어 있으면 컨설턴트는 방법론에 따라 프로젝트를 수행한다. 방법론이 제대로 정의되어 있지 않으면 프로젝트를 수행하는 동안 시행착오를 많이 겪게 되면서 고객의 신뢰도가 낮아지게 되고 프로젝트의 시간을 낭비하는 문제점이 발생한다. 이렇듯 업계에서 높은 순위에 있는 컨설팅 회사는 내부적으로 검증된 방법론을 보유하고 있다. 이러한 방법론은 프로젝트 결과에서도 높은 퀄리티의 결과를 보장할 수 있다.

프로젝트는 항상 팀원들과 브레인스토밍(Brainstorming)을 하면서 리서치와 학습을 해야 한다. 또한, 프로젝트 과정에서 고객과 이야기를 하다 보면 배움과 학습이 얼마나 중요한지 깨닫게 된다. 고단하기는 하지만 컨설턴트로서 일을 계속하려면 배우고 공부하는 일에 익숙해져야 한다. 그리고 항상 열려 있는 자세로 많은 이야기를 듣고 습득해야 한다. 게다가 태도 또한 겸손해야 한다고 생각한다. 내가 가지고 있는 생각이 틀릴 수 있다고 생각하면서 항상 알고 있는 지식을 검증하면서 나의 논리와 생각을 공고히 할 수 있는 자세를 가져야 한다.

그런 자세를 갖지 않고 프로젝트를 수행하는 경우 말 한마디로 고객의 신뢰를 잃을 수 있는 상황이 발생할 수 있다. 나의 논리와 생각을 공고히 하는 방법은 항상 수행원들과 토론을 해야 한다. 토론을 통해 논리를 세우고 팀원 간의 컨센서스(Consensus)를 맞춘다. 다양한 목소리는 때론 고객에게 혼란을 야기할 수 있게 되며, 신뢰도에 영향을 미칠 수 있다. 항상 모든 결과는 명확한 근거를 제시해야 한다. 때론 명확한 근거는 고객 설득을 위한 자료로써 활용되는 일도 있고, 프로젝트 종료 이후 주관부서에서 향후 경영진과 공감대를 형성하는 과정에서 어려움이 발생하지 않기 위한 자료로써 활용한다.

컨설턴트는 프로젝트 수행 과정에서 고객의 문제를 해결하기 위해 많은 고민을 한다. 때론 문제 해결 방법을 제시하는 경우에는 객관적인 자료와 수행 방법론에 기반하여 사고를 한다. 많은 사람들은 문제를 해결하기 위해 창의적인 방법을 사용하여 문제를 해결할 수 있다고 믿는다. 하지만 의외로 문제를 해결하는 데 가장 중요한 첫걸음은 문제를 제대로 인식하고 정리하는 데서 시작된다. 이러한 과정을 현황분석 과정이라고 한다. 이 과정은 곳곳에 널려 있는 문제 해결의 실마리를 얻는다. 경험상 문제를 해결하는 데 가장 중요한 능력은 이슈를 정리하는 능력이며 창의적인 방법을 강구하기 위해서는 배움 말고는 방법이 없다.

공부하고 배우는 일은 익숙해지지 않기 때문에 스스로 배움을 찾는 것은 나태해지기 쉽다. 그러므로 환경을 바꾸는 것이 가장 좋다고 본다. 이처럼 통찰력을 얻는 가장 좋은 방법은 새로운 것에 도전하는 것이다. 기존 공간에서 생각하다 보면 우물 안 개구리처럼 생각의 한계점에 부딪히게 되는 경우가 많다. 한계점에 다다르면 어느덧 슬럼프가 찾아오기 때문에 잘 극복해야 한다. MBA라는 곳은 슬럼프에서 벗어나기 좋은 곳이라고 생각한다. 다양한 직업, 산업, 나이에서 종사하는 원우 분들과 열의 가득한 수업 및 토론을 하면 할수록 더 이상 우물 안이 아닌 세상 밖으로 나온 것 같은 느낌이 든다.

만약 MBA를 하지 않았다면 어떤 삶을 살고 있을지 확신할 수 없지만, 나에게도 슬럼프가 찾아오거나 슬럼프 속에서 빠져 허우적대고 있었겠다는 생각이 든다. 5년 가까이 업무를 수행하면서 편견과 아집이 생겨가고 있을 무렵 진학한 MBA는 새로운 사람들 속에서 느껴지는 학업에 대한 열정과 원우분들의 삶을 먼발치에서 바라만 보고 있노라면 더욱더 겸손해지고 노력해야겠다는 점을 깨닫게 된다. 어떻게 하면 고객사에

좋은 인사이트를 줄 수 있을까 방법을 고민하기 위해 진학한 곳에서 점
점 더 좋은 인사이트보다 열심히 살아야 한다는 깨달음만 늘어가는 것
같다.

# 5

## 다양한 변수 속에서 앞으로 우리는

 

MBA를 진학하는 사람들은 MBA를 졸업하면 더 좋은 직장으로 이직하거나 내부 승진 등의 기회가 찾아온다는 이야기를 믿고 도전한다. 물론 좋은 기회에 대한 기대를 품는 것은 별문제가 되지 않지만 무작정 기회가 온다고 볼 수 없다. 주변의 사례를 보면 결국 기회는 스스로 만들어내는 것이며, 단순히 간판을 더 단다고 해서 드라마틱한 변화가 생기기는 어렵다. 졸업 후에 기대한 만큼의 변화가 없으면 오히려 실망이 클 수 있다.

코로나의 변수에서도 MBA 진학은 나쁜 선택이라고 생각하지는 않지만, 코로나 상황 속에서 MBA를 진학하면 원격 수업과 원우와의 교류 활동이 원하는 만큼 이루어지지 않아 실망할 수 있다. 이런 상황 속에서도 자기 계발의 목적을 달성하기 위해 진학하는 것은 추천한다. 지금과 같은 상황에서 열정을 다해 공부하는 원우를 보면서 깨닫는 것도 많고 나의 마음가짐 또한 변화시킬 수 있는 절호의 기회라고 생각한다.

우리는 현재 코로나의 변수 속에서 살고 있지만, 경영이라는 학문은 기업 생존을 위한 다양한 변수 속에서 살아남기 위한 학문으로 볼 수 있다. 기업의 생존을 위해서는 다양한 학문을 알아야 하며, 학문에는 회계, 통계, 생산, 인사, 경영 정보, 경영 전략 등이 있다. 만약 MBA에 진학한다면 앞서 말한 학문을 모두 배울 수 있다.

시간이 지남에 따라 기술의 발전은 비약적으로 증가하게 되었으며, 더불어 경영 또한 기술 발전의 속도에 발을 맞춰 갔다. 이렇듯 기술과 경영은 떼려야 뗄 수 없는 관계로 볼 수 있다. 특히 기술 중에서 IT(Information Technology)는 경영에서 가장 중요한 지원 요소이다. 불과 몇 년에 걸쳐 IT 인프라 자원은 온프레미스(On-premise)에서 클라우드(Cloud)로 변화했다. 그에 따라 기업 경영을 위해 세운 전략이나 계획의 실행 속도는 가속화되고 있으며, 계획과 실행 간의 격차가 최소화되고 있다. 예전의 기업들은 중장기 계획에 기반을 두어 투자 계획을 세운다. 전통적인 기업들은 시대적 흐름이나 변화의 파도를 잘타게 되는 경우 결국 승자가 되어 승자가 모든 것을 독식하는 산업 구조였다. 현재 상황에서는 변화의 파도가 너무 빨라 중장기 계획에 따라 운영하는 것은 더 이상 유효하기 어려운 구조가 되고 있다.

특히 클라우드 제공자인 AWS, Azure, GCP 기업의 놀라운 성장은 클라우드 서비스 수요가 얼마나 필요했는지를 알 수 있다. 나라가 성장하면 성장할수록 주요 산업은 전통 산업에서 서비스 산업으로 옮겨지게 되며, 서비스 산업에서 중요한 것은 기존에 없던 비즈니스 모델을 새로 만들거나 기존에 있는 비즈니스 모델을 좀 더 개선하는 방법이 있다. 최근의 비즈니스 모델을 빠르게 시험하기 위해 기업들은 클라우드를 적극적으로 활용한다. 기업은 클라우드를 활용하여 내부에 IT 인프라를 구축하지 않고 적은 비용으로 비즈니스 모델을 구성하고 테스트할 수 있다. 그리고 클라우드를 통해 지역적인 한계를 빠르게 극복할 수 있게 되었다.

클라우드의 성장은 각종 경영에서 생성되는 데이터를 통해 발견되는 인사이트나 개선 사항을 빠르게 현실화할 수 있게 하였다. 이러한 자원의 지원은 생각의 속도에 따라 뒷받침할 수 있는 혁명적인 자원이 생기게 된 것으로 볼 수 있다. 클라우드를 통해 비즈니스를 구성한 많은 기업은 코로나 19사태로 폭발적인 수요를 빠르게 공급해 갔다. 수요에 대한 전폭적인 공급 지원은 고객의 충성도를 높이게 되었으며, 충성도 높은 고객을 확보한 플랫폼은 시장의 승자가 되었다.

많은 사람들은 코로나가 디지털전환(Digital Transformation)의 속도를 가속하였다고 말하고 있지만 진정한 시작은 클라우드라고 생각한다. 현재의 클라우드는 더욱더 다양한 서비스를 제공하기 위해서 노력하고 있다. 특히 IaaS(Infrastructure as a Service)보다 SaaS(Software as a Service) 기반 서비스를 제공하기 위해 노력하고 있다. 이러한 흐름은 관리 포인트를 줄여서 효율적이고 비용 절감을 위한 방향으로 변화하고 있다.

앞으로 경영과 기술이 우리의 삶을 어떻게 바꾸게 될지는 확신할 수 없지만, 변화의 흐름은 세 가지(고효율, 저비용, 민첩성)를 중심으로 변화할 것으로 본다. 세 가지 흐름은 코로나가 촉발한 디지털 전환을 통해 변화의 속도가 극대화되었다. 예를 들어 주변에 많이 있는 키오스크(KIOSK)

등장은 음식점에서 주문과 조리의 선을 확실히 구분하였다. 고객이 하는 주문을 키오스크에 일임하여 직원들이 조리에 집중할 수 있게 해서 제품의 품질을 올리고 비용을 아꼈다. 최근 위생에 관한 관심이 높은 시대적 흐름에 힘입어 키오스크에 대한 수요는 폭발적으로 등장하게 되었다. 더군다나 사람을 고용하는 것보다 키오스크를 도입하는 것은 향후 경영 위기의 상황에서도 민첩하게 대응할 수 있다. 사람을 고용하는 경우 경영 위기의 상황에서 법률적인 테두리에서 제한적으로 대응할 수밖에 없다.

오랫동안 지속된 저성장과 경제 위기 상황 속에서 투자자들은 초기에 많은 액수를 투자하는 것에 대해 인색하다. 그리고 투자금이 크면 클수록 투자금 회수 기간이 늘어나는 것이 불가피하게 되어 그동안 위험을 감수해야 하는 어려움이 존재한다. 이렇듯 시대적 흐름에서 저비용과 고효율을 선택할 수밖에 없다.

특히 기업의 몸집이 크면 클수록 조직은 보수적이며, 둔감한 구조를 갖기 때문에 빠르게 변화하는 환경에서 적응하기 쉽지 않다. 반면에 스타트업은 변화에 빨리 순응하여 비즈니스를 붐업한다. 그리고 성공한 스타트업들은 기존 기업들의 생태계까지 위협하고 있다. 위기를 느낀 기업들은 스타트업이 가지고 있는 민첩성을 중요한 요소로 보고 있다.

민첩성을 영어로 이야기하면 애자일(Agile)로 불린다. 애자일은 소프트웨어 개발 방법론에서 등장한 단어로써 철저한 검증을 거쳐 완벽한 제품을 내기보다는 신속하게 개선하고 수정하는 과정을 통해 보완하는 것을 의미한다. 조직 내 애자일을 도입하기 위해서는 의사결정 단계를 최소화하는 것이 중요하다. 애자일이 적용된 조직은 몸집을 줄여 변화에 적응할 수 있도록 조직을 최적화한다. 스타트업(Start-Up)은 태생적으로 애자일 구조를 지닐 수밖에 없다. 적은 인원으로 빠르게 의사결정을 진행하고, 빠르게 서비스를 개발하여 출시한 시제품을 통해 고객 피드백을 개선해서 고객을 확보하는 전략은 생존을 위한 전략으로 볼 수 있다. 대기업에서도 스타트업의 생존 전략인 애자일을 도입하기 위해 엄청난 노력을 하고 있다.

대기업은 보수적이고 수동적이며, 서두르지 않는다. 이러한 성향은 민첩성과 거리가 멀다. 애자일 구조로의 변화는 내부 구성원들의 반감이 발생할 수 있다. 하지만 대기업에서도 생존의 문제가 커짐에 따라 민첩성은 선택이 아닌 필수적인 요건이 되어 가고 있다.

앞으로 우리가 알고 있는 대기업들이 몇 년 뒤에도 생존할 수 있을지 불투명하다. 그리고 코로나19로 인한 디지털전환은 비즈니스의 변화 속도에 날개를 달게 했다. 앞으로 디지털 전환을 하지 않은 기업들은 분명 생존의 갈림길에서 선택해야 할 것이며, 디지털 전환을 한 기업만 고효율, 저비용, 민첩성을 가질 수 있다고 본다. 기업뿐만 아니라 우리 개인의 생존 전략 또한 세 가지 요소를 기반으로 역량을 기르고 개발해야 앞으로 어떤 변화가 찾아와도 분명 생존이 가능할 것으로 생각한다.

# 6

# 마무리

직장생활을 하는 데 있어 짧은 경험과 배움으로 인해 부족함을 많이 느끼고 있다. 다행히도 훌륭한 동료를 롤모델 삼아 배우고 경험하면서 성장을 위해 노력하고 있다. 직장 밖에서도 성장에 대한 갈망을 MBA를 통해 채워 나갔으며, 만족도 또한 높았다. 모든 생각과 느낀 점을 글에 담기에는 한계가 있지만 어쭙잖게나마 나의 직장생활과 MBA에 관한 이야기를 적어 보았다. 마지막으로 현실에 안주하지 않고 오늘도 세상과 싸우고 있는 위드 코로나19 세대 분들에게 존경의 인사를 표하고 싶다.

**박소영**

# 서울 서울 서울

나는 최근 2년을 제외하고 태어나서 한 번도 서울을 떠나 살아 본 적이 없다. 누군가 내게 고향이 어디인지 물어온다면, 가장 심심한 답변. "서울이요." 그래서 간혹 지방 출장을 가면 신기하고 명절에 먼 길을 내려간다는 사람들을 보면 솔직히 내심 부럽다. 대학시절 서울집을 떠나 포항에서 학교를 다닌 친구가 혼자 사는 집에서 며칠 지냈는데, 그 친구가 그렇게 부러울 수가 없었다. 졸업 후엔 한 동네 사는 서울 사람을 만나 결혼했다. 그리고 서울에 소재한 나의 직장에서 일하던 중 나는 업무 능력 향상을 위해 서울 소재의 MBA의 문을 두드렸다. 학부에서 배운 것들로 사회 경험을 하고 그 경험을 통해 체득한 것들을 다시 공부에 접목시켜 보는 유익한 시간이었다. MBA 과정을 시작하기 전에 나는 수업이 어떻게 진행되는지 분위기는 어떤지, 전공선택 시점은 언제인지, 사람들이 말하는 네트워킹은 어떤 것인지 등이 궁금했었다. 나 같은 고민을 가진 사람들에게 조금이나마 도움이 되고자 이 글을 써 본다.

# 1

## 면접의 시간 그리고 지금

    내가 다닌 MBA에 들어가기 위해서는 서류심사와 구술면접을 통과해야 한다. 서류심사에서 공인 영어점수 가산점이 있다고 해서 만기가 된 TOEIC 성적표를 보냈다가 돌려받은 부끄러운 기억이 떠오른다. 어느 토요일 오후, 긴장하며 들어간 면접장에서는 만난 두 명의 면접관이 있었다. 면접은 제시된 영어 지문을 읽은 후 요약하여 설명하는 것으로 지문은 4차 산업과 의료용 수술로봇에 대한 내용이었다. 면접 후 합격통보를 받고 첫 수업시간, 저녁시간에 피곤한 직장인들이 즐거울 수 있을까 했던 생각이 무색하게 학교 앞 감자탕 집에서 진행된 개강파티는 즐거웠다. "처음 만난 사람들끼리 먹는 메뉴로 감자탕은 좀 그렇지 않아요?" 라면서 같이 열심히 고기를 뜯었었는데, 당시 같은 식탁에 앉았던 원우들과는 감자탕 인연으로 시간표도 같이 짜고, 수업도 함께 듣고 지금까지도 가까이 지내는 사이가 되었다. 다양한 분야의 이야기가 꼬리에 꼬리를 물고 늦은 밤까지 이어지게 되었다. 먼저 수업을 들은 선배들이 와서 수강신청과 1년의 과정 뒤에 있을 전공선택에 대한 조언도 들을 수 있었다. 그리고 기초 선택 8개의 과목 중 6과목을 듣고 나면 일곱 가지의 전공 중 하나를 선택해야 한다는 것도 알게 되었다. 영역은 인사조직, 마케팅, 재무, 오퍼레이션스, 국제경영, 회계, 경영정보로 나누어져 있어 전공선택 후에는 전공영역의 프로젝트 과제를 포함한 각 전공수업을 4과목과 타 영역의 1과목을 들을 수 있다고 했다. 예를 들어, 마케팅을 선택할 경우 소비자행동론, 마케팅 조사론, 마케팅 전략, 마케팅 프로젝트 과제 연구를 수강한 후 경영정보 영역에서 전략적 자료 분석 수업을 들을 수 있다. 2년짜리 4학기 과정. 그 짧은 과정에서 같이 공부하던 원우들과 함께 쭉 이어서 졸업하길 원했지만, 배우자의 해외 발령으로 1년 만에 학업을 중단해야 했다. 그리고 다시 세 번째 학기를 시작할 준비를 하고 있다.

# 2

## 노는 것도 배운다.
## '주(主)'인지 '부(副)'인지 헷갈리는 네트워킹

네트워킹? 직장 다니면서 수업 듣는 것도 힘든데, 그게 가능할까? 나에게 있어 MBA의 주된 목표는 졸업한 지 오래되어 가물가물한 것들을 다시 실무에 적용할 수 있게 하려는 것이었다. 그런데 수업보다도 사람들과 모여 나누는 이야기들이 실제로 큰 도움이 되었다. 수업 후에 맥주 한잔 마시며 최근 업무에 대해 이야기하고 둘 셋 넷 짝지어 집에 돌아가며 내일도 힘내자 으쌰으쌰 했던 참 따뜻한 시간들이었다. 서로 바쁘고 힘들게 사는 것을 알기에 더 다독이면서 각자 회사에서 있었던 스트레스도 풀고 조언도 해 주고 기회가 좋아 이직을 하는 케이스도 있었다.

노는 것도 기술이 필요하다는 것을 절실히 느꼈는데, 사람들을 모아 놓고 어디로 가야 할지 무엇을 먹어야 할지 이런 것이 처음에는 영 서툴렀다. 그러다가 몇 번 정도 모임을 진행하고 나니 어느 정도 인원에 맞는 공간을 섭외해야 하는지 어떤 메뉴가 좋을지 어떻게 놀아야 할지 아이디어가 모아지고 다음 번 회차에는 미흡했던 사항들을 보완하여 더 즐거워졌다. 기억에 남는 모임은 날씨 좋은 5월에 경복궁이 훤하게 내려다보이던 루프탑에서 시원한 바람을 맞으면서 했던 바베큐 모임이었다. 당시에 고기와 술, 안주를 준비했었는데, 한 원우가 집에서 감자탕을 만들어 솥으로 가져오고, 다른 원우는 와인에 꽃다발을 준비하고, 테이블보와 초를 포함한 소품들, 게임들, 현장 분위기에 맞는 음악과 스피커를 준비해 행사가 풍성해졌던 경험이 있다.

그림 1. 수업 후 모여 이야기 나누던 학교 앞 오뎅집

# 3

## 자기 운영의 성찰, 세 번의 타격

모든 수업들이 즐거웠던 것은 아니지만, 유익했다. 그중에서 가장 기억에 남는 수업은 인사관리 수업이었는데, 교수님이 강의실에서 처음에 던진 질문은 다음과 같았다.

*"내가 회사를 세워서 크게 키웠다. 근데 내 자식을 내 회사에*
*채용하고 싶어. 또는 내 친구의 자식을 청탁받았는데 채용하고 싶어.*
*이건 안 되는 건가?"*

공정과 정의가 화두인 시대였기에 질문 자체만으로 분위기는 불편해졌다. '그래도 되는 건가?' 하는 질문을 처음으로 나에게 해 보았다. 누구나 공정한 절차를 거쳐서 들어와야 한다. 왜 그래야 할까? 공정한 절차란 과연 무엇이며 선정 기준은 어디서 오는 것인가? 타성에 젖어 당연하다고 생각해 온 것들에 질문을 던져 보고 답해 보는 시간들이었다. 채용에서 시작해 퇴직까지 관리자에 입장에서 진행된 수업은 주어진 업무로 쳇바퀴같이 반복되던 삶에 자극을 주었고 잠시 멈추고 질문할 수 있는 계기가 되었다. 또 강의시간마다 한 가지의 주제로 사업가, 대기업의 관리자, 사원, 프리랜서 등 여러 관점에서 의견을 들어 볼 수 있는 것도 유익했다. 학기 초에는 한 학기 동안 같은 주제로 발표 준비를 해야 하는 팀을 구성해야 했다. 주변 사람에 앉은 사람들끼리 팀을 구성해야 했는데, 나는 첫 줄에 앉아 있는 5명이서 팀 구성이 되었다. 뒤에서는 이런 이야기도 들렸다.

*"그냥 교수님이 조를 구성해 주시면 안 됩니까?"* **[첫 번째 타격]**

 내가 속한 팀이 맡은 주제는 '합리적이고 공정한 인사평가제도'였다. 우리는 질문을 세 가지로 나누어 조사를 시작하였다. 1) 우리 회사 인사평가 관행은 무엇이고, 문제점은 무엇인가? 2) 합리성과 공정성을 담보해 내기 위한 인사평가제도의 설계와 운영방법에는 어떤 것들이 있는가? 3) 공정성에 영향을 주는 요인은 무엇인가? 내가 속한 팀은 나를 포함한 공직 유관단체에서 일하는 2명과 사기업에서 일하는 3명으로 구성되어 있어 서로의 인사평가제도를 비교하는 것이 흥미로웠다. 공공의 성격을 가진 조직 내에서도 기관별로 다른 성과관리체계를 비교해 볼 수 있었고, 사기업과 공기업과의 차이를 비교해 보고 각자의 조직에서 성과를 어필할 수 있는 방법들도 함께 고민해 보았다. 우리 팀의 발표는 학기의 거의 마지막에 있었는데, 발표 예정이던 날 교수님으로부터 단체 메시지가 왔다. "오늘은 급한 일이 생겨 수업을 진행하지 않습니다. 다만, 오늘 발표는 예정대로 하세요." 이 메시지를 받고 한 학기 내내 발표 준비로 매달렸던 터라 적잖이 실망했었다. 그리고 수업이 없다고 하는데, 발표를 들으러 원우들이 와 줄까 싶었다. 하지만 예상과 달리 대부분의 원우들이 시간에 맞추어 와 주었으며, 발표를 시작하려던 찰나에 교수님이 오셨었다. 롤러코스터 같은 하루였고 한 학기 가까이 준비한 것을 즐거운 마음으로 발표하고 많은 질문들이 오고 갔던 그때가 가장 기억에 남는다. [두 번째 타격]

마지막으로 의도하신 건지는 모르겠지만, 시험시간에 시험문제를 주시고 나가셨다. 나는 입때껏 시험감독관이 상주하는 시험을 치른지라 왠지 어색했다. 옆에 놓인 교재를 펼치면 문제의 답을 쓸 수 있는 내용이었다. 나는 허수아비일지라도 누군가 서 있으면 조금 더 진지한 자세로 시험을 보게 되는 못난 마음을 가지고 있었는지도 모른다. 시험문제를 풀고 빈 책상에 제출하고 나오는데, 낯선 기분이 들었다. 그런데 좋았다. [세 번째 타격]

결론을 내리고 싶다. 내가 MBA의 첫 번째 학기에 인사관리 수업에서 한 학기 동안 배운 것을 한 단어로 표현하자면 임파워먼트(empowerment)이다. 상급자와 하급자, 동급자를 포함한 조직구성원 모두 가져야 하는 마음가짐, 자기주도, 자기운영, 주인의식 너무 흔한 말들이지만, 현실적으로 직원은 직원일 뿐 주인이 아니며 사장이라고 마음대로 할 수 있는 것도 아니다. 어떤 위치이건 권한과 재량을 이양받고 이양해 주기 위해서는 주변의 공동체 내의 공감과 지지를 이끌어 내야 한다는 것. 그리고 감나무 밑에서 감 떨어지길 기다리는 것이 아니라 의욕과 역량으로 감을 가져올 수 있는 또는 감을 만들어 내는 방법을 끊임없이 모색하는 자기 혁신, 자기 운영의 힘을 길러 내는 것이 중요하다는 점을 수업을 통해 얻었다.

공정한 인사평가제도

# 누가누가 잘하나

## Charm

# 내가내가 잘하자

## Charm 감사합니다

그림 2. 인사관리 프로젝트 과제 공정한 인사평가 제도 발표자료의 일부

# 4

## 방구석 해외창업, 점핑 자카르타

수업 중에서는 팀과제를 수행해야 하는 경우가 종종 있다. 혼자서 하는 과제보다 다양한 관점으로 볼 수 있다는 점이 흥미로운데, 국제경영학 수업에서는 해외창업 시뮬레이션을 위한 팀 구성을 교수님이 해 주시고, 각 팀별로 진출 국가와 도시를 선정하여 시장을 분석하고 아이템을 선정하여 진출전략을 세워 볼 수 있다. 우리 팀은 내가 평소에 관심이 있었던 인도네시아의 수도 자카르타를 선정하여 분석하였다. 인도네시아는 2억만 명이 넘는 인구 세계 4위의 잠재 가능성이 무한한 나라로 최근 새로운 경험을 중시하는 젊은 세대를 중심으로 역동적인 소비패턴을 가지고 있기에 SNS를 활용한 마케팅이 활발하게 이루어지고 있다. 더욱이 최근 한류 콘텐츠로 인해 한국에 대한 호감도가 다른 나라에 비해 높은 점 역시 매력적이었다. 나는 당시에 곳곳에 생기던 점핑 피트니스를 인도네시아에 창업한다는 아이디어로 접근했었는데, 당시 아시안 게임을 인도네시아에서 유치한 이후로 건강과 운동에 대한 관심이 증가하여 피트니스 산업이 크게 증가했다는 분석자료를 보고 결정한 아이템이었다. 또한 팀 구성원 중 한 명이 이미 중국에서 검증된 '점핑댄스 피트니스' 아이템을 제안했었고, 기존 피트니스 클럽에 비해 공간도 많이 필요하지 않아 소자본 창업이 가능하여 생각하게 된 아이템이었다. 아래는 당시에 작성했던 비즈니스 모델 캔버스이다. 현지 체육협회와 한인회 등의 네트워크를 통해 한인교민을 1차 고객으로 그 후 현지거주 외국인과 현지인을 타깃으로 넓혀 가는 전략으로 높은 휴대폰 보급률과 인플루언서들의 강한 영향력 등을 기반으로 SNS를 적극활용한 홍보전략도 세워 보았다. 한 학기 내 진행된 조사작업은 한 나라의 시장에 대해 조사하며 파악할 수 있는 시간이었다.

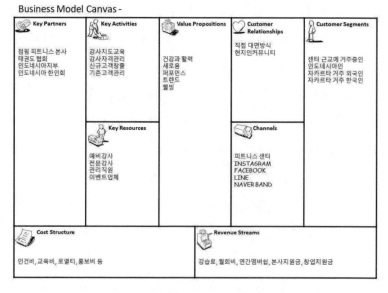

그림 3. 점핑자카르타 BUSINESS MODEL CANVAS

# 5

## 아름다운 호치민의 밤, 해외 학술제

MBA에 들어오게 되면 생각보다 많은 행사가 있다는 것을 알게 된다. 오리엔테이션과 개강총회를 시작으로 원우들과 네트워킹을 할 수 있는 본격적인 행사 등이 진행된다. 큰 행사로는 3월 춘계 학술제와 6월 해외 학술제 그리고 10월의 경영인의 밤이다. 다양한 사람들과 어울릴 수 있는 시간이다. 그중에서도 해외 학술제는 많은 인원이 해외로 가서 3박 4일간의 일정을 함께 보내는 시간으로 원우들끼리 더욱 친해지는 교류의 계기가 된다. 2019년 당시에 진행된 베트남 호치민 해외학술제는 다양한 스케줄과 행사로 유익하고 즐거웠었다. 삼성전자의 호치민 CE 복합단지(SEHC)를 방문하여 무인공장 시스템을 견학하였다. 또한 베트남 역사박물관에 가서 책이나 신문을 통해서 보던 전쟁의 참상들을 보존해 둔 공간을 둘러보기도 하였다. 전시된 것들 중에는 AP통신 사진기자인 닉 우트(Nick Ut)의 사진 'Vietnam-Terror of War' 네이팜 탄을 맞고 우는 아이들이 있었다. 1973년 퓰리처 상을 받아 베트남 전쟁의 참상을 세상에 알리게 된 이 유명한 사진 아래 실제로 전시된 네이팜 탄을 볼 수 있었다. 숙연해지는 시간이었다. 하루의 빠듯한 일정을 마치고 돌아와 호텔 근처에 작은 노점에 앉아 밤새도록 모여서 이야기를 하다가 아침이 되어 쌀국수를 먹었던 것이 생각난다. 함께 있었던 무리들이 3박 4일 동안 6시간도 채 자지 않고 정말 시간을 아껴서 놀았었는데 지치지도 피곤하지도 않을 정도로 즐거웠다.

그림 4. 베트남 호치민에서 진행된 해외학술제 중에 찍은 사진

# 6

## 클래시 한 사람들의 트렌디한 모임,
## 트렌드 모임

대학원 수업과 네트워킹만으로 채울 수 없는 무언가를 찾아 내 발(클릭했으니 손)로 찾아 들어간 곳이 있었다. MBA의 여러 기수들이 함께 있는 카톡방에는 매일매일 다양한 분야의 기사들과 스타트업 소식들이 공유되고, 국내의 각종 정보들을 가장 먼저 받을 수 있다. 트렌드 모임은 29기 대표인 김진 원우님이 2018년 4월 창설한 모임으로 각 분야의 전문가들이 자신의 분야에 최신 트렌드를 공유하는 모임이다. 처음으로 참석한 날, 트렌드 모임에서는 당시에 시작된 살롱문화 중심의 커뮤니티 서비스인 '남의 집' 프로젝트에 대한 소개가 있었다. 집으로 돌아오는 길에 바로 가입하고 '남의 집'을 체험해 보았고, 지금은 없어진 차량공유서비스 '타다'도 처음 시도되던 시점에 이용해 보았다. 디캠프에서 주관하는 스타트업 거리축제에 다 같이 가서 새로운 사업 아이템들을 접해 보고 다녀온 뒤로 관심 있게 본 스타트업의 성장을 지켜보고 이야기하는 것도 즐거웠다. 이 외에도 미용업계, 패션업계, 광고업계의 트렌드 등 관심은 있지만 깊게 알지 못하는 세계에 대한 이야기들을 자세히 들을 수 있는 시간들이었다. 나는 분야별 발표가 시작되기 전에 간단히 책 소개를 했었는데, 때에 따라 새로 발간된 책을 소개하거나 이슈가 되는 책들을 발표해 왔다. 나에게 책을 읽을 계기를 마련하고 바빠서 책을 읽을 수 없는 사람들에게 소개해 주고 싶은 마음을 담은 시간이었다. 나는 당시에 베스트셀러였던『철학은 어떻게 삶의 무기가 되는가』에 나온 독일의 사회학자 페르디난트 퇴니에스의 이익 사회(게젤샤프트)로의 사회진화론에 대해 소개한 적이 있었다. 혈연과 우애에 의한 자연 발생적인 공동체(게마인샤프트)가 붕괴되면서 이해관계에 기초한 이성적인 인간관계를 통해 이루어지는 이익 사회(게젤샤프트)로 사회가 진화한다는 이론이었다.

나는 서로의 지식을 나누고 연대해 가는 트렌드 모임이 게젤샤프트라고 생각했다. 진화된 공동체, 새로운 사회적 유대 이런 수식이 잘 어울리는 모임이었다. 안정감 있게 트렌드 모임을 이끌고 그리고 이 글을 쓰게 해 준 김진 대표님의 역할이 중요했던 것 같다. 이 기회를 통해 고마움을 전하고 싶다.

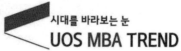

새로운 사회적 유대란?

시대를 바라보는 눈
UOS MBA TREND

# 7

# 자카르타에서 내가 꿈꾸는 서울

나는 지금 서울에 살고 있지 않다. 여기는 운전은 어려워도 저렴한 가격으로 택시 서비스와 그 외에도 소소한 배달부터 의료상담까지 앱 하나로 해결할 수 있는 인도네시아이다. 인도네시아는 앞서 말했듯 인구 4위, 면적 15위의 여러 개의 섬으로 이루어진 나라고 각 지역별 문화와 풍습, 종교가 다르다. 따라서 자카르타에 사는 것은 인도네시아 내의 다른 지역인 발리, 커피로 유명한 수마트라, 술라웨시 토라자에서 사는 것과는 다르다. 나는 인도네시아의 수도이자 가장 바쁜 도시 자카르타에 살고 있다. 서울로의 복귀를 앞두고 자카르타와 서울의 삶을 비교해 보다 이곳의 편리한 점을 서울에서도 바라 본다.

① 공유 서비스: 인도네시아에 있는 것 중에 무엇이 제일 편리하냐고 묻는다면 대부분 현지 승차 공유 서비스 애플리케이션(앱)인 고

젝(Gojek)을 이야기한다. 고젝은 승차공유서비스뿐 아니라 물류, 핀테크(fintech), 엔터테인먼트, 헬스케어까지 확장하고 있는 인도네시아 스타트업의 꿈인 데카콘(기업 가치 100억 달러 이상의 기업)이다. 나는 최근에 급하게 증명사진을 현상해야 했었는데, 구글맵(Google Map)에서 가장 가까운 사진관을 검색하여 연락해 파일을 주고 고젝의 물류 배송 서비스인 고센드(Go-send) 서비스를 이용해 사진을 받았었다. 사진관에 전화해서 파일을 주고 그것을 다시 받기까지 1시간도 채 걸리지 않았다.

한인 커뮤니티 내에서 중고거래가 활발하게 운영되고 있는 이유 또한·이 고센드를 이용하고 있기 때문이기도 하다. 언뜻 우리나라 퀵서비스와 같지만 상당히 저렴한 비용으로 물건들의 이동이 가능하다는 점 그리고 어느 곳에서나 손쉽게 이용이 가능하다는 점이 매력이다. 그래서 온라인 쇼핑몰에서는 신선식품, 냉동식품 등은 주문 즉시 고센드로 받아 볼 수도 있다. 고젝의 공유택시 서비스는 지정된 목적지로 이동할 수도 있고 3, 5, 8, 12시간 단위로 빌릴 수가 있어서 근교로의 여행도 가능하다. 시간 단위 택시 서비스는 렌터카보다 조금 높은 수준으로 5시간 기준 한화 3만 3천 원 정도이다.

② 국제도시 서울: 외국인으로 자카르타에 살다 보면 현지인을 만날 수 있는 기회보다 같은 처지에 있는 외국인들을 만날 기회가 많다. 그들은 공통적으로 자카르타가 좋다고 말한다. 최악의 공기질과 교통난으로 악명 높은 곳임에도 불구하고 가족과 함께 자리를 잡고 살기에 편하다고 말한다. 이유로는 현지인들의 따뜻한 환대와 상

대적으로 저렴한 물가, 다른 나라에 비해 외국인 커뮤니티의 교류가 활발하고 외국인들이 체험하고 나눌 수 있는 문화체험이 다양하다는 점을 꼽는다. 페이스북이나 각종 온라인 커뮤니티를 통해 이루어지는 중고거래 장터는 외국인 커뮤니티의 중심에 있다. 인도네시아에는 천연자원도 풍부하지만 전통무예와 그림자 인형극(Wayang Kulit), 바틱(Batik)과 같은 무형유산이 있다. 가장 전통적인 것이 가장 세계적인 것임을 증명하듯 각종 전통문화를 배울 수 있는 곳마다 외국인들의 커뮤니티가 있다. 그 커뮤니티의 중심에는 IHS(Indonesian Heritage Society)라는 비영리단체가 있다. 1970년 설립된 이 단체는 자원봉사자들과 연간 멤버들의 후원으로 매달 인도네시아 문화유산과 관련된 다양한 행사 기획들로 외국인 거주자들을 사로잡는다. 주된 활동은 박물관 교육과 학생들 대상의 투어이며, 외국인들을 대상으로 이루어지는 역사와 예술작품 해설 교육은 많은 외국인들의 호응을 얻고 있다. 이 외에도 직장인들 대상의 저녁 강의(Evening Lectures), 분야별로 이루어진 스터디 그룹(Study Groups), 매년 이루어지는 문화유산 여행(Heritage Tours)은 반응이 뜨겁다. 외국인들은 이러한 경험들을 통해 인도네시아 사람들과 소통하고 인도네시아의 문화를 경험하고 있다. 서울에도 이렇게 NPO 중심으로 운영되는 단체가 있는지 찾아보았다. 나의 검색 실력이 부족했는지 찾기가 힘들었다. 서울에 살고 있는 외국인들도 나처럼 즐겁게 현지의 문화유산을 탐험하고 있을지 궁금하다.

③ 돌봄 서비스: 자카르타에서 삶의 질을 높여 주는 요인은 기사, 가

정부와 육아도우미라고 해도 과장이 아니다. 흔히들 농담으로 이곳에서는 청소, 빨래 걱정이 없어 부부 사이가 좋아진다고들 한다. 또한 한국과는 다른 도로 사정과 신호등이 거의 없기 때문에 운전 피로도가 한국에 비해 상당히 높은데 기사들은 도로의 사정을 잘 알고 있으며, 주차 등의 문제에 신경 쓰지 않아도 된다는 장점들이 있다. 기사와 가정부의 급여는 거주지역에 따라 상당한 차이가 있지만 한국의 인건비에 비해 저렴한 비용으로 서비스를 이용할 수 있다. 따라서 중간소득 수준의 사람들도 이곳에서 고용주가 되어 기사와 가정부를 고용하여 생활을 하기에 여성들도 직장을 다니거나 어린아이들을 돌보는 데에 어려움이 없다. 서울에서는 개인적으로 사람을 고용하는 경우 소득 대비 상당 금액의 비용을 지출해야 하므로 상상을 할 수 없다. 서울시에서는 아이 돌봄 서비스를 제공하고 있지만 만 12세 이하 아동은 1회 2시간 사용이 가능하다는 점 등으로 아직 상용화되지 않고 있다. 이런 이유로 많은 엄마들이 아이들의 임신과 취학 시점을 계기로 경력단절이 된다. 하지만 인도네시아는 도와줄 수 있는 일손이 많아 여성들의 사회진출이 한국보다 활발하다. 2016년 〈연합뉴스〉 기사를 보면 마스터 카드가 발표한 아태지역 국가의 여성 사회진출 지수에서 인도네시아는 11위 한국은 13위이다. (한국 여성 사회진출, 아시아에서도 하위권, 〈연합뉴스〉, 2016. 3. 15)

④ 지구의 날: 매년 4월 22일은 '지구의 날'이다. 지구 환경오염의 심각성을 알리기 위해 자연보호자들이 제정한, 지구 환경을 보호하는 날이다. 나도 인도네시아에 와서 거대한 플라스틱 산과 구석진 마

을의 배수로에 가득 쌓여 수로를 막아 버린 쓰레기 더미들을 보기 전에는 스트레스가 쌓이면 이천 원, 삼천 원 하는 플라스틱들을 사는 것이 취미였고, 점심 먹고 즐기는 플라스틱 컵에 담긴 아이스 아메리카노를 좋아했었다. 하지만 쓰레기가 쌓이고 고여서 썩은 물이 마을로 흘러 들어가고 그 물을 마시고 씻은 아이들이 아프다는 것을 알고 나서는 나의 소비가 정말 중요하다는 것을 알게 되었다. 그리고 이런 모든 것들은 아이가 다니는 학교에서 제공되는 자료를 본 후에 알게 된 사실들이었다. 지구의 날에 학교에서는 아이들에게 실질적으로 지구환경에 도움이 되는 행동들을 생각해서 발표해 보게 한다. 포스터 제작과 비디오 컨테스트 등 다양활한 활동들을 하고 수업시간에는 함께 미화되지 않은 실제의 다큐멘터리를 시청하고 생각들을 나눈다. 아이는 이곳에 온 후 나에게 말한다. "엄마, 우리 오늘 또 플라스틱 썼네." 아직도 고쳐지지 않은 나의 소비 행태가 부끄럽고 아픈 아이의 얼굴이 떠올라 마음 한편이 쓰리다. 그래서 쓰레기를 줄이려는 나의 노력은 계속된다. 어제보다 오늘 덜 버리고 내일은 더 조금 버릴 테다.

복학을 앞두고 나는 설렌다. 현업에 바로 적용할 수 있는 실용적인 강의, 다양한 필드에서 일하는 원우들 사이에서 나오는 창의적인 아이디어들, 그리고 이쪽과 저쪽, 세대와 젠더로 나누고 싸우는 분열과 분단의 시대를 살며 쉼없이 반복되는 치열한 직장에서 나와 나누었던 따뜻한 긍정과 위로들을 기억하기 때문이다. 서로를 향한 심리적인 지원, 유대감으로 마음 따뜻해지고 긍정적인 에너지로 충전되는 쉼터 같은 곳이 바로 MBA이다. 최근에 엄마가 MBA, 엄마는 MBA, 엄마도 MBA 컨셉의 글들을 본 적이 있다. 나는 이미 과정 중에 뛰어난 실력과 지성을 갖춘 멋진 분들을 만난 적이 있다. 그분들은 능력을 인정받는 전문가였고, 뛰어난 학생이었으며, 가족들에게 지지와 존경을 받는 엄마이자 아내였다. 그분들은 아이를 키우며 직장을 다니며 저녁에 강의를 듣는 나에게 존재만으로 위로였고 든든한 지지였다. 그 분들에게 보잘것없는 이 글을 바친다.

장철희

진정한 HRBP가
되기 위한 과정, MBA

# 1

# 왜 인사전문대학원이 아닌, MBA?

전략이 없이 우연에 의한 기업의 성공이란 더욱더 찾기 어려운 케이스가 되어 가고 있다. 그렇기 때문에 더욱 빠르게 변화하는 시대의 흐름에서, '전략적 경영'이라는 것은 이제 어떤 업무를 담당하더라도 필수적으로 학습되어야 하는 분야일 수밖에 없다. 그런 점에서 MBA는 전략적 사고를 가능하게 하고, 경영인의 눈높이에 맞는 인적 자원관리와 재무회계, 마케팅, MIS 등 전 분야의 내용들을 일정 이상 파악함으로써 진정한 전략가로 성장할 수 있는 최적의 선택이었다.

특히 인사담당자로서의 내가 MBA를 통해 얻을 수 있는 학문적 성취는, 실무와 align 되는 과목들을 수강하고 경험했을 때 더욱 의미 있다고 판단했다. 따라서 해당 교과과정을 통해 내외부환경에 따라, 또는 기업의 스테이지에 따라 어떤 전략적 접근이 가능하고 어떠한 사례가 있는지 학습하고자 하였다. 또한 이러한 학습과 경험을 통하여 실질적인 업무에도 좀 더 전문적인 전략적 시각을 보유하고 활용하는 데에 그 목표를 두고자 했다.

이러한 나의 과정을 통해, 사회가 요구하는 인사담당자의 역량을 확인하고 좀 더 전략적 인사관리를 위해 어떻게 학습하여야 하는지 하나의 사례로 공유되길 바란다.

# 2

# 한국에서 인사담당자가 된다는 것

　한국에서 인사담당자가 되는 것은 마냥 어려운 일이 아니다. 기업의 규모나 비즈니스 방향 등에 따라 물론 차이가 클 수 있지만 대부분의 소규모 기업들에서는 인사총무팀이나 경영지원이라는 이름으로 쉽게 입사가 가능하다. 그렇다 보니 국내에서만큼은 직무 전문성을 키우기 매우 어려운 직무로 잘 알려져 있다.

　아픈 말일 수 있지만, 쉽게 입사할 수 있는 만큼 경영진이 인사 업무에 대한 성과를 기대하지 않는 것이 당연한 일일 수 있다. 이때 해당 직무에서는 급여 처리나 고충 처리, 또는 업무지원 등의 기초적인 인사운영 업무를 잘 이행하는 것만으로도 존재의 이유가 된다. 해당 업무에 대한 전문성이 요구되지 않는 경우가 다반사이기도 하고, 회사가 근로기준법을 잘 준수할 수 있도록 지원하는 것조차 어려운 경우가 많다. 그러나 이런 업무적 환경과 대우에도 불구하고 인사총무/경영지원 직무는 회사의

"엄마" 같은 존재이니 만큼, 책임감이 필수적인 직무이기도 하고 장기근속이 많은 직무이기도 하다.

또한 기업의 대표나 오너가 인사에 대한 View가 넓지 않고, 사회 경험이 부족한 경우 인사직무에 대한 중요성을 느끼지 못하는 상황이 다반사다. 그렇다 보니 채용된 인사담당은 자연스럽게 업무적 전문성을 요구받지 않으며, 인사보다는 재무회계, 또는 총무 및 비서업무 등 General Affair 업무에 초점을 맞출 수밖에 없는 환경에 노출된다. 그쯤 되면 회사 운영이 주먹구구로 이루어지는 것이 이상한 일이 아니다. 채용도 대표의 뜻이나 회사의 주요 임원에 따라 임의로 결정될 수 있고, 평가나 보상도 제대로 된 프로세스나 재원을 통해 이루어지는 것이 아니라 사내 친분 등에 의해 정해질 수도 있다.

이뿐만이 아니다. 쉽게 입사하는 것, 기업의 경영진이 인사에 대한 인사이트가 부족하기 때문에 만들어지는 기업환경 등은 개인이 극복할 수 있는 문제지만, 시니어 인사담당자가 전문성이 없다는 것은 또 다른 문제가 된다. 많은 선례가 보여 주듯, 회사 내의 나의 미래는 나의 상사를 기준으로 결정된다. 그런데 나의 미래가 저 정도의 전문성과 이런 대우라면 내 삶이 행복하지 않을 것이 자명하다. 매일, 내가 가장 많은 시간을 보내야 하는 공간이 행복하지 못한 공간이라면 어떻게 될까.

최근 화제가 되었던 좋좋소 시리즈 내 에피소드들은 이러한 우리네 환경을 잘 보여 준다.

특히 연봉 협상과 관련된 에피소드에는 주옥같은 댓글들이 많다. 많은 기업들이 말도 안 되는 방식으로 개인의 처우를 정하고, 채용을 진행하며 사직을 종용하기도 한다는 것이다. 인사기능이 제대로 돌아가지 않은 많은 회사들의 이야기다.

이렇다 보니 사내에서 인사담당자들에 대한 평은 "우리 회사에 왜 있는지 알 수가 없는 조직"이거나 "사장 편만 드는 사람", "하는 일이 없는 사람" 등이 일반적인 것 같다. 능력을 인정받는 것은 둘째 치고, 일단 싫은 조직이거나 구성원인 것이다. 귀찮은 일들 처리해 주는 것 외에는 만날 일도 없고, 힘도 없는 조직. 많은 인사담당자들이 성장을 포기하는 이유이다.

출처: 왓챠피디아 (https://pedia.watcha.com/ko-KR/contents/tR4JrKo)

## 1) 시대가 달라졌다

구글을 비롯하여, 실리콘밸리의 인사운영 방식이나 채용 전략 등이 국내에 소개되면서 시대가 달라졌다는 것을 매일 느끼고 있다. 우수 인재들은 더 이상 회사의 이름만을 따져 입사하는 경우가 없어졌고, 자신들의 성장에 도움만 된다면 회사의 규모가 더 이상 중요하지 않다고 이야기한다. 즉, 그들에게는 좋은 기업 문화, 자신이 인정받을 수 있는 업무적 환경, 성장할 수 있는 충분한 지원과 보고 배울 수 있는 능력 있는 상사의 유무 등 다른 차원의 요소들이 입사나 근무에 매우 중요한 위치가 되었다.

또한 정보를 취득할 수 있는 웹 환경이 구축되었고, 특히 구직자가 직무 정보나 기업 정보를 공유할 수 있는 다양한 플랫폼들이 공개되면서 구직자들의 기대수준이 올라가고 있기도 하다.

또한 시장 경쟁이 심화되고 글로벌 마켓으로의 도전이 중요해짐에 따라 좋은 인재 유치가 비즈니스의 성공 유무를 결정하는 시대가 되었다. 이것뿐만이 아니다. 핵심인재, 바로 그들을 타깃으로 한 인사적 노력들이 지속적으로 요구될 수밖에 없고, 그들을 Hooking 하는 채용기법들은 나날이 화제가 되고 있다. 구글은 HR budget의 90%를 채용에만 쓴다고 한다. 사람의 기질을 파악하고, 정말 이 사람이 우리에게 적합한 인재인지 검증하는 것에 비용을 그만큼 사용하고 있는 것이다. 잘못된 단 한 사람이 회사에 들어왔을 때, 주변에 미치는 악영향을 비용으로 환산하면 채용에 비용을 태우는 것이 더 효과적이라는 판단 때문이다.

제2의 구글, 제2의 아마존과 같이 IT산업에서의 성공, 또는 O2O라고 불리는 다양한 플랫폼 산업에서 성공하기 위해 그들이 사용했던 조직운영 방법이나 채용의 기법들을 채용하는 것은 더 이상 이상한 일이 아니다. 특히 한국처럼 근로기준법이 명확하고, 해고 등에서 자유롭지 않다면 단 한 명의 인재가 미치는 영향이 큰 만큼 성공 사례들을 수집하고 학습하며 실질적으로 적용하는 것이 당연하다. 이제 더 많은 연구가 필요한 시기가 된 것이다.

인사담당자들이 더욱 초조해질 수밖에 없는 이유가 여기에 있다. 그들은 이제 더 이상 급여를 지급하고, 인사서류들을 준비해 주는 지원업무에 머물러서는 살아남을 수 없다는 것을 깨닫고 있다. 이제 근본적인 인간에 대한 연구를 진행하고, 기질을 파악하며, 비즈니스와 산업을 이해하여 최적의 인재를 유치하고 유지하며 더 나아가 비즈니스의 성공을 이끄는 비즈니스 파트너로서의 역할이 필요해진 것이다.

즉, 비즈니스 파트너로서의 HR이란, 단순 인사업무를 넘어 비즈니스를 이해할 수 있는 넓은 시각의 전략이라고 볼 수 있겠다.

# 3

# 기본을 모르는 인사담당자라면

이쯤 되면 왜 인사담당자로서 내가 MBA를 공부해야만 했는지 이해할 수 있다. 우리는 이제 적합 인재의 배치를 위해 비즈니스도 알아야 하고, 인사적 비용을 파악하고 성장의 방향을 인지하기 위해 재무회계도 이해해야 하며, 더 나은 채용기법을 위하여 심리학과 마케팅을 알아야 한다.

이것만이 이유는 아니다. 우리는 인사관리론이라는 이름으로 인사제도들의 변화와 그에 따른 우리 선배들의 방법론을 알아야 한다. 직무와 직위, 직급이 왜, 어떻게 다른 지도 알아야 하며 산업의 변화에 따라 그것들이 어떻게 변모해 왔는지도 이해해야 한다. 마치 우리의 고객을 한 땀 한 땀 파악하는 것처럼 우리 내부 고객인 구성원들을 파악하고 어떻게 지원해야 최고의 성과로 이어지는지도 끊임없이 연구해야 한다. 쉴 틈이 없는 것이다.

그런 점에서 MBA는 단순한 네트워킹에 그치지 않아야 더 의미가 있겠다. 사실, 인사담당자로서는 다양한 옵션의 석사과정들이 있다. 노동 대학원이나 인재개발학, 심리학 등 우리네 선배들은 경영의 기본으로 가기보다는 현재 업무를 더욱 깊이 있게 배우고 연구하는 곳으로 진학 해 왔다. 그러나 이 시점에서 내가 해당 과정을 선택해야만 했던 이유는, 이제 우리가 상대해야 하는 사람들이 더 이상 관리의 대상으로 남아 있 는 것이 아니라 협업의 존재이며 함께 성과를 만들어야 하는 비즈니스 파트너들이 되었기 때문이다.

또한 우리의 대상들은 인사담당자들이 하는 말들을 있는 그대로 받아 들이는 것이 아니라, 해당 내용이 사실인지 다양한 루트를 통해 팩트 체 크를 진행한다. 게다가 일반 인사담당자들이 아는 것보다 더 많은 정보 들을 이미 갖고 있는 경우도 많다. 특히 기업문화와 관련된 다양한 케이 스 스터디는 현재 우리가 파악하고 있는 것보다 훨씬 더 다양한 채널로 접하고 있을 것이 확실하다.

이런 점에서 볼 때 이제 인사담당자들은 직무 전문성만 키운다고 살 아남는 시기가 아니라는 생각이 든다. 그중에서도 우리는 다양한 채널 을 통해 많은 사례들을 접하고, 네트워킹을 바탕으로 누구보다 빠르게 정보를 수집하여 회사에 적용할 수 있는 유연성이 요구되고 있다. 또한 사람에 대한 근본적 이해와 다양한 기법들을 통해 좋은 인재를 확보 및 유치하고, 유지하며 비즈니스의 전략을 제대로 이해하고 회사의 성장 을 직간접적으로 도움으로써 그 필요성을 인정받아야 한다. 그러므로 MBA과정에서 인사/조직 전공을 수료했다고 할지라도, 융합할 수 있는 다양한 타 전공을 수강하고 비즈니스적 인사이트를 높이는 데 초점을 맞추어야 한다.

최근 이러한 고민을 가진 인사담당자들이 모여 MBA 내 인사학회를 운영하고 있다. 이곳에서 우리는 단순한 인사운영의 질문을 공유하는 것이 아니라, 평가보상의 방법론이나 기업문화, 사례연구 등을 통해 좀 더 광범위하고 전문적인 내용들을 습득하고 성장해 가고 있다. 그리고 인사담당자들 외에도 다양한 시각을 가진 피플 매니지먼트 담당자들도 함께 모여 실무진들의 실질적인 상태를 공유하여 더 비즈니스 및 구성원의 속성과 align된 좋은 정보들을 나누고 있다.

이처럼 인사담당자들조차 적극적으로 무언가를 생성하고 공유해야만 살아남는 시대가 된 것이다. 급여는 에이전시에, 노무는 노무사에게 전문적 자문을, 채용은 써치펌에게 맡겨 두고, 이제는 좀 더 본질적인 고민과 노하우를 개발할 수 있는 우리가 되어야 하겠다.

# 4

# MBA, 경영전략을 활용한 인사관리

　최근 HRBP라는 이름으로 경영전략을 이해하며 인사전략을 수립할 수 있는 직무가 각광을 받고 있다. 특히 좋은 인재가 만들어 내는 기업의 성과와 그 영향력이 더욱 중요해지면서 경쟁자를 분석하고, 각 경쟁자들이 보유하고 있는 경쟁의 강도나 특성을 예측하여 인재 영입과 보상, 재무적 이슈를 감안한 인사전략 수립이 절실해졌기 때문이다. 또한 IT사업이나 엔터테인먼트를 바탕으로 하는 비즈니스의 경우 사람이 자산인 만큼, Human capital의 관점에서 전략을 수립하는 것이 필수가 되었다.

　경쟁자 분석은 각 경쟁자가 보유하고 있는 경쟁의 강도 및 특성을 예측하기 위해 기업이 취하는 첫 번째 단계이다. 경쟁자 분석의 프레임워크는 크게 두 가지의 Sector로 구분된다. 시장 공통성과 자원유사성이 그러한데, 자원의 포트폴리오가 겹치는 부분에 따라 경쟁자 간의 시장 공통성의 정도를 나타낸다. 기업이 서로 경쟁하는 시장의 숫자를 시장 공통성이라 부르고, 기업 간 자원이 유사한 것을 자원의 유사성이라고 부른다. HRBP들은 이러한 포트폴리오가 유사한 직접 경쟁 상대를 파악하고, 해당 경쟁 상대에게 인적 자원을 뺏기지 않을 수 있는 전략적 방안과 보상의 전략을 구성한다. 우리의 인재가 어느 수준의 역량을 갖추고 있어야 하는지 설정하고, 각 인재별 차등 정도를 규정하고, 급여 등을 지급할 수 있는 운용자산의 규모가 어느 정도인지 파악하여 인재보상 전략을 수립한다.

이러한 전략을 회사의 오너 또는 Chief레벨과 함께 고민하고 만들어 갈 수 있을 정도라면 사실 MBA과정을 통해 얻을 수 있는 것은 없다. 그러나 전략의 중요성을 인지하고, 인사담당자의 역량이 회사의 전략에 영향을 미칠 수 있을 정도로 중요하다는 것을 이미 깨닫고 있는 인사담당자라면 기본적인 경영 전략을 이해할 수 있는 수준을 갖추어야 한다.

그러나 국내의 많은 회사들은 "HRBP"의 타이틀만 제공하고 실제 업무는 인사 운영에 한정된 곳이 대부분이다. 이때 HRBP들이 스스로 '내가 하는 업무가 실제 BP의 업무인가?' 끊임없이 의심하며, 스스로 업무 범위와 역량을 확장하지 않으면 사실 변화가 어려울 수밖에 없다. 또한 기본적인 전략 수립의 프로세스와 내부 의사결정의 프로토콜을 이해하지 못하는 HRBP라면 타이틀만 갖춘 인사운영 담당자라고 볼 수 있다. 따라서 진정한 BP로 성장하고자 하는 인사담당자들은 필수적으로 경영에 대한 이해를 쌓고, 이것을 바탕으로 업무적 역량 향상을 달성해야 한다.

물론 기본적인 인하우스 업무 경험 없이 제대로 된 전략은 절대 수립될 수 없다. 따라서 인사운영 업무를 수행하는 것은 HRBP로 나아가는 정말 중요한 요건이다. 수립한 전략이 현실을 잘 반영할 수 있도록 내부적 검토를 충분히 하고, 실질적으로 운영 차원에서 랜딩이 가능한지를 끊임없이 검토하며 설계해야 유의미한 결과를 만들어 낼 수 있기 때문이다. 최근 컨설팅 사업들이 대부분 어려움을 겪으면서 많은 HR컨설턴트들이 인하우스 기획자로 재취업하는 경우가 많은데, 그런 점에서 내부적 인사이슈들을 재생성하는 이유도 여기에 있다고 볼 수 있다. 특히 업력이 길지 않아 탄탄한 기업문화를 미리 갖추지 못한 IT 비즈니스, 엔터테인먼트, IP 등은 잘못된 인사정책에 대규모로 노출되어 대규모 퇴사나 노무 이슈, 급진적인 비즈니스 쇠락 등을 경험할 수 있다.

또한 고용브랜드에도 타격을 입어 좋지 않은 인재만 유입되면서 비즈니스 성장의 발목을 잡는 사례도 심심치 않게 발견이 가능하다. 따라서 기업의 성장을 함께할 수 있는 HRBP는 외부에서 차용하기보다는 최대한 내부 인사운영 담당자들을 성장시켜 담당하게 하는 것이 최고의 방법이다. 그런 점에서 볼 때 인사운영 담당자들이 더 자신감을 갖고 전략 수립에 참여해야만 하며, 참여할 수 있는 실력을 갖추기 위해 기본적인 경영전략 방법들을 학습해야 한다.

# 5

# MBA, 파이낸스를 이해하는 인사담당자

회사가 급격히 성장하거나, 또는 새로운 기회를 탐색해야 하는 시기가 온다면 자연스럽게 투자와 Exit에 대한 논의가 시작된다. 이때 파이낸스에 대한 기초적 내용을 전혀 파악하지 못한다면, 회사의 전략이 어떻게 수립되고 우리의 비즈니스 방향이 어떻게 가고 있는지 전혀 알 수 있는 방법이 없다.

그렇게 되면, 본인에게 해당 업무 수행에 어려움이 있는 정도로 끝나지 않는 이슈가 된다. 회사의 재무상태는 임직원들의 보상 전략과 연계되어 있으며, 회사가 투자를 받고 Exit 하는 그 모든 과정에서 인사적 논의가 계속되기 때문이다. M&A를 진행하더라도 마찬가지다. 직원의 규모를 그대로 유지할 것인지, 또는 해고 등의 기타 절차까지도 내부적 동의가 진행되었는지 등 파악해야 하는 요소가 한두 가지가 아닐 것이다.

이뿐만 아니라, 우리가 비즈니스를 운영하는 데 HR Cost가 얼마나 예상되는지, 인건비 수준이 아니라 우리가 외부에 Shared service를 제공하게 된다면 Pricing은 어떻게 설정할 것인지 등 다양한 시각에서 재무적 요소들을 파악해야 한다.

글로벌 비즈니스를 운영하는 회사라면 더욱 그러하다. 국가별 지원하는 재무적 범위가 다를 수 있고, 그에 따라 파악해야 하는 재무적 요소들이 넘쳐난다. 많은 이해관계자들이 있으며, 그들의 움직임에 따라 HR Cost가 달라지기 때문이다. 이것은 단순한 회계 처리에 한하여 인건비나 복리후생비 등에 대해 이야기하는 것이 아니다. 비즈니스를 읽고, 산업을 파악하며, 각 국가별 Entity들과 협의해 가는 그 과정을 이야기하는 것이다. 이제 인사담당자는, 산업을 이해하고 비즈니스를 리딩하는 전략을 함께 수립할 수 있는 존재가 되는 것이다.

# 6

# MBA,
# 마케팅과 브랜드 전략을 활용한 채용

**"5년차에 연봉 1억 수두룩"… 판교는 지금 딴세상**

"중소·중견 게임사도 올린다… 신입 초봉 '6000만원 시대'"

"5년차에 연봉 1억 수두룩… 코로나19에 귀해진 개발자"

(생략)

16일 한국의 실리콘밸리로 불리는 판교 IT 업계가 들썩이고 있다. 지난달 국내 1위 게임업체 넥슨이 개발직군 신입 사원 초봉을 5000만원으로, 전 직원 연봉을 800만 원씩 인상한 뒤 IT 업계 연봉 인상 릴레이가 이어지고 있어서다.

연봉 인상의 포문을 연 넥슨에 이어 넷마블·컴투스·게임빌·스마일게이트·네오 위즈 등이 연봉 인상 대열에 합류했다. 중견 게임사인 크래프톤은 연봉을 2000만 원씩 올려 초봉을 6000만원으로 책정해 단숨에 넥슨·엔씨·넷마블 등 '빅3'를 제 치고 게임사 가운데 최고 대우를 내세웠다.

한국경제, 2021. 3. 16.
(https://www.hankyung.com/it/article/202103166808g)

최근 팬데믹 상황이 장기화되면서, 개발자 영입 전쟁이 발발했다. 게임업계로부터 시작된 개발자 몸값 올리기는 이제 전반적인 소프트웨어 산업에 영향을 미치면서 그 경쟁이 더욱 심화되고 있다.

그러나 모든 회사들이 다 고액 연봉을 지급할 수 없고, 오로지 '개발'이라는 한 직무만이 비즈니스를 성공할 수 있는 것도 아니다.

이런 맥락에서 많은 회사들이 금전적 보상이 아닌 비금전적 보상을 어필하고, 회사의 비전을 공유함으로써 같은 비전을 바라볼 수 있는 우수 인재를 영입하고자 노력하고 있다. 이때 가장 큰 역할을 할 수 있는 것이 고용 브랜드 전략 수립이다. 고용 브랜드(Employment Brand)란 회사가 고용관계와 관련하여 제공하는 가치이며, 여기에는 내/외부 유관자들에게 동일하게 떠오르는 총체적 이미지를 포함한다.

제대로 된 고용 브랜드가 낳는 효과는 무궁무진하다. 일반적으로도 이미 브랜드 가치를 인정받고 있는 글로벌 기업들은 신규 브랜드 런칭이나 신규 비즈니스 라인을 오픈하더라도 성공할 가치가 높다. 이와 마찬가지로 우수 인재들이 모이는 기업이 되면 비즈니스의 성공을 이끌 수 있는 선제 조건을 이미 갖춘 것이나 다름없다. 그렇다면 어떻게 해야 우수 인재들이 모이는 직장이 될 수 있을까. 노동 시장에서도 우수 브랜드가치 기업들의 비즈니스 운영과 비슷한 원리가 적용된다고 볼 수 있다. 우수 인재들이 모이는 회사가 되려면 모두가 근무하고 싶어 하는 업무공간이자 직장이 되어야 한다. 즉 고용 브랜드 가치가 높은 회사가 된다면, 좋은 인재들을 유치할 수 있다는 점이다. 비슷한 금전적 보상이 넘쳐 나는 요즘 시대에는 고용 브랜드가 매우 중요하다. 일에만 집중할 수 있게 한다는 '넷플릭스'나, 새로운 것들을 경험하게 한다는 '구글다움'

등 고용브랜드의 구체화 사례는 이제 넘쳐 난다. 차별화된 고용 브랜드 가치는 결국 인재 전쟁에서 기업을 승리로 이끄는 핵심 요인이 되는 것이다.

이러한 고용 브랜드 전략을 제대로 수립하고 수행하기 위해서는 제대로 된 마케팅과 브랜드에 대한 학습이 필수적이다. 그러나 많은 인사담당자들은 커뮤니케이션 차원의 마케팅과 브랜드 전략의 차이를 명확하게 이해하지 못하고, 겉도는 커뮤니케이션 플랜을 수립하곤 한다. 또한 해당 항목에 대한 제대로 된 인사이트가 없는 상태에서 브랜드 전략을 수립할 때, "가장 일하고 싶은 100대 기업"의 기업문화나 복리후생을 그대로 베끼는 것은 필패의 요인이라는 점도 자명하다.

기본적인 마케팅 원리를 학습하고 브랜드 원론 등을 학습하고 나면 좀 더 근본적인 전략 수립이 가능하다. 우리 기업이 갖추고 있는 브랜드의 핵심 요소들을 파악하고, 전략 레벨의 공감대를 기반으로 제대로 된 브랜드 커뮤니케이션 차원의 전략 수립이 가능하다. 다양한 채널들을 활용하고 도달률을 높이며 그들의 마음을 사는 Hooking의 마케팅 전술들은 따라오는 효과다.

채용담당자들은 이제 Source-r, Coordinator, Recruiter와 같이 담당업무가 분리되어 가고 있다. 각자의 전문 분야가 없다면 더 이상 찾지 않는 존재가 될 수도 있다. 이런 점에서 인사담당자, 그중에서도 채용담당자들이 마케팅과 커뮤니케이션, 브랜드 전략 등 기초적인 경영과목들을 공부해야만이 살아남을 수 있는 시기라는 것, 모두 공감할 것이다.

# 7

# MBA, 조직관리와 행동,
# 동기부여와 인사 전략

실제로 많은 기업들이 운영하면서 각 스테이지별 조직 내 위기를 겪곤 한다. 특히 인사담당자로서 기업의 성장에 따라, 규모에 따라, 또는 각 투자별 스테이지에 따라 그 위기의 성격과 모양이 굉장히 유사한 편이다.

많은 인사담당자들이 고민하는 것처럼 초기 스타트업에서 중기로 넘어갈 때, 특히 회사의 성장속도가 매우 빠를 때에는 퇴사율이 급격히 상승한다. 이때에는 두 가지의 이유를 크게 들 수 있는데, 첫째로는 개인 사무실 수준의 회사가 기업화되는 과정에서 오는 성장통이고 둘째는 초기에 대충 뽑았던 직원들이 텃세를 부리거나, 또는 하나의 썩은 사과가 되어 주변에 악영향을 미치면서 오는 조직관리의 문제이다. 퇴사자 인터뷰 등을 통해 "우리 회사는 둘 중 어떤 이유에 해당하는지" 확인하고 전략을 세우는 것이 필요하다.

우리 회사가 성장통을 겪는지 확인하는 것은 매우 쉽다. 모두가 동기 부여의 상태이나 업무량이 많고, R&R을 분리하기 어려워 혼선이 있으며 많은 것들이 시스템화되는 과정에서 적응의 기간을 겪고 있다면 성장통이라고 볼 수 있다. 그동안 되던 것들이 되지 않고, 특별한 결재와 승인 과정이 없던 것들이 생기며 어떤 프로모션이든 예산과 ROI를 요구하고, 구체적인 현금흐름 및 효과와 함께 파악하게 하는 등 구성원들이 업무를 수행하는 데 추가적인 리소스가 들기 시작하는 것이다.

이해관계자들을 설득해 가는 커뮤니케이션 비용들도 점차 누적되기 시작한다. 이런 가운데서 적응하지 못하거나 빠르게 캐치업 하지 못하는 많은 구성원들이 혼돈의 과정을 겪고 성장해 가는 그것. 그것이 바로 성장통이라고 볼 수 있다.

그러나 사실 대부분의 회사들은 저러한 성장통보다 기존 직원의 문제로 인한 퇴사율이 월등하게 높다. 작은 사무실 수준의 스타트업일 때에는 적은 연봉으로 여러 가지 일을 해 줄 수 있는 직원들을 채용한다. 이때 이 사람들이 어떤 기질을 갖추고 있는지, 스스로의 내적 기준이 높은지, 우리가 지향하는 회사의 방향과 잘 맞는지 검토해 가며 채용하는 경우는 매우 드물다.

그렇다 보니, 회사가 성장하는 과정에서 더 우수한 인재들이 회사에 유입되는데도 불구하고 그들이 적응하지 못하고 퇴사하는 경우가 많다. 기존 업무 히스토리를 공유하지 않고 자신이 쥐고 있는 업무들을 내어 놓지 않는 등 다양한 방법으로 자신의 자리를 보전하기 위한 노력들이 진행되고 있기 때문이다. 그들은 신규 직원들의 모티베이션을 꺾어 그 자리에서 내보내거나, 또는 자신과 비슷한 방식으로 업무를 수행하도록 다운그레이드 시키는 것을 즐겨한다.

문제는 대부분의 창업자들은 마음이 여리고, 의리가 있어 이런 사람들을 끝까지 지켜야 한다고 생각할 때 심화된다. 업무를 시스템 기반으로 수행하고, 히스토리를 데이터 기반으로 관리하며, 임직원 행동양식이나 강령등을 통해 업무 방식을 일치시키고 나면 사실 기존 멤버들은 수행할 수 있는 업무가 거의 사라진다. 스스로 학습하고 업무의 성과를 내기 위해 업무 영역을 넓혀 가며 기업의 성장과 함께했다면 모를까, 대부분의 멤버들은 성장에 게으르고 주변에 좋지 않은 영향을 미친다. 조직관리와 팀 경영에 대한 제대로 된 학습이 없다면, 이런 상황을 맞이했을 때 인사담당자들은 혼란스러운 조직을 견디지 못하고 제일 먼저 퇴사하는 1인이 될 수밖에 없다.

기본적으로 조직행동을 이해하자면 이러하다. 행동을 하도록 영향을 주는 요인은 개인적, 사회적, 조직적 및 환경적 요인으로 본다. 이때 행동이란 결국 여러 요인으로부터 복합적으로 영향을 받아 나타난 결과이다. 썩은 사과들의 행동을 이해하고, 그들의 행동을 교정하기 위해서 인사담당자들은 끊임없이 전략을 수립해야 한다.

이 경우 행동을 하도록 영향을 주는 요인들이 무엇이 있고, 어떻게 영향을 주는가를 설명하기 위해서는 크게 상호작용적 관점과 사회학습이론 관점 두 가지를 이야기하는데, 결국은 행동/행위란 단순히 외부적 환경요인들의 영향만을 받는다거나 혹은 개인의 내적 욕구에 의해서만 유발되는 것이 아니라 두 요인 모두가 결합하여 나타나는 것으로 볼 수 있다.

따라서 인사담당자들은 기본적인 이론을 습득하고, 이를 바탕으로 조직의 환경요인들을 구성할 수 있도록 설계해야 하며, 개인의 내적 욕구, 즉 성장의 모티베이션과 협업의 태도를 구축할 수 있도록 추가적인 전략들을 수립해야 한다. 인사담당자들이 더욱 연구에 매진해야 하는 이유인 것이다.

# 8

## 건투를 빈다

인사담당자들이 더 이상 공부를 미룰 수 없는 시기가 왔다. 이제 인사담당자들은 급여를 지급하고, 복리후생 비용을 정산해 주는 것만으로 내 역할을 다했다고 볼 수 없기 때문이다.

앞에서 계속 언급했던 것처럼, 우리가 MBA 과정을 통해 반드시 배워야만 하는 요소들이 있다. 회사의 급격한 성장에 따라 행동과 심리학, 마케팅원론과 브랜드원론, 재무관리, 전략적 경영 등 다양한 과목들의 수강을 통해 우리가 하는 업무 수준을 높이고 업무의 가치를 만들어 가야만이 살아남을 수 있는 시기이기 때문이다.

이쯤되면 인사담당자가 슈퍼히어로냐고 물을 수 있다. 마치 숨은 영웅 유니버스처럼, 모든 것을 다할 수 있고 다 알고 있는 만물박사가 되어야 한다는 것처럼 느껴지기 때문일 것이다.

결론만 말하자면 "그렇다"가 내 답변이다. 인사가 만사라고 하는 것처럼, 사람이 중요한 지금의 시대에서는 사람을 잘 이해하고, 그들이 성과를 낼 수 있도록 하는 인사담당자 하나하나가 매우 중요하다. 또한 인사담당자의 수준이 회사의 수준과 비즈니스의 성공을 좌우한다고 해도 과언이 아니라고 생각한다. 채용 프로세스에서 비춰지는 인사담당자들의 실력, 온보딩 과정에서 보이는 배려들, 그리고 조직 내 인사시스템과 성장 궤도에서 밝혀지는 전략적 인사관리는 그 회사의 수준을 보여 주는 중요한 키가 된다.

모든 인사담당자들의 건투를 빈다.

**박상언**

# 나를 위한 한 걸음

# 1

## 시작, MBA

MBA를 꿈꿀 수 있었던 이유는 사람이었다. 내게 소중한 멘토이자 선배이자 동시에 후배인 그분이 말했다. "고민하지 말고 시작해" 너도 MBA 해 보는 건 어때? 이 한마디가 마음을 울렸다. 나는 이미 학부 때의 산림학 전공 석사를 선택해 교수님과 면담을 마치고 석사를 시작하려고 세 번째 노력을 했지만 무슨 연유였는지 계속되는 실패를 하고 있었다. 스스로 마음을 먹은 것도 수차례였다. 내 자신이 점점 핑계를 대며 시작하지 못하는 상황을 만들고 있었다. 학비가 모자라서, 시간이 없어서, 바빠서, 또 집에 일이 생겨서 나는 그렇게 내 인생의 지나간 시간들을 보내면 살고 있었다. 그날도 나의 멘토와의 수차례의 질문 중에 "석사는 해야 할 것 같은데 졸업은 할 수 있을까요?"라고 물으며 스스로 안 되는 이유를 만들기도 여러 번, 스스로 만든 울타리 안에서 헤어나오지 못하고 있었다. 지금 생각하면 참 어리석은 일이다. 무엇보다 시간이 너무 아쉽다. 조금만 더 내 자신에게 솔직했다면 그 선택을 했을까?

첫째, 생각하라. 둘째, 믿어라. 셋째, 꿈꿔라.
그리고 마지막으로 덤벼들어라.
First, Think. Second, believe. Third, dream, And finally, dare.

시작하는 방법은 그만 말하고 이제 행동하는 것이다.
The way to get started is to quit talking and begin doing.
- 월트 디즈니, Walt Disney -

그렇게 나의 MBA가 시작되었다. 게으르고 게으른 삶에서 움직임의 태동이 생겨났다. 그리고 그렇게 시작되었다. 월트디즈니의 말처럼 생각만 하고 있던 내게 그것이 가능하다고 믿게 하는 마음, 그리고 그것을 꿈꾸면서 결국은 행동으로 옮기는 것들을 말이다. 내가 아직 시작하지 않은 분들에게 자주 이야기하는 말이 있다. 야구에 관한 비유인데 야구에서 정말 대단한 타자가 있다고 하자. 그 사람의 타율은 어떻게 될까? 그 사람의 타율은 아마 3할일 것이다. 우리나라 역사상 1년에 4할을 기록한 선수는 백인천이라는 대한민국의 유일한 사람이고 이승엽의 KBO 통산 타율은 3할 2리이다. 대단하다고 하는 선수의 타율이 10번중 에 3번을 치는 것이다. 3번의 성공과 7번의 실패를 한 사람을 우리는 영웅이라 부르고 있다. 안 될 것 같아 도전하지 않는 것, 실패를 머리속으로만 하는 것, 하면 되는 것을 알면서도 도전하지 않는 것이 가장 큰 문제이지 않을까? 솔직히 스스로에게 무엇을 바라고 있는지 다시 생각해 보아야 한다.

우리는 너무 많은 것을 고민하며 상상 속에서만 살고 있다. 하지만 결과는 행동이 만든다. 지금 당장 당신이 MBA를 시작해야 하는 이유이다.

**푸른 기다림**

먼 발치에서
혹시나 내가 가면
멀어질까

그러 바라만 보던 그 길이
어느새 이렇게

나도 모르게 가까워졌음을
그렇게 느껴요

때론 그대가 보이지 않아도

그렇게 기다려 왔음을
푸른밤이 햇살이 되도록

그렇게 기다려 왔음을
나조차 모른 채

# 2

# 자발적 퇴사와 이직

그렇게 MBA를 마치고 인생의 세 번째 막이 올랐습니다. 세 번째 막이라는 것이 직장인의 삶에서 대표이사를 자발적으로 세 번 바꾼 것. 주주총회도 아니면서 대표이사를 바꿀 수 있는 가장 빠른 방법은 퇴사와 이직입니다. 가장 강조하고 싶은 것은 '불안(不安, anxiety)'입니다. 이미 지금 불안한 상태, 걱정과 고민을 마치 어깨에 훈장처럼 달고서는 무엇을 어떻게 해야 하는가에 대한 감정의 중첩에 대한 부분입니다. 저 스스로도 마찬가지입니다. 퇴사를 마음먹고 나서 '이제 무엇을 어떻게 해야 하는가?'에 대한 불안, '나를 잡아 줄 수 있는 것은 진정 돈뿐인가?'라는 허무함. 그러면서 우리는 자연스럽게 사람을 잊어버립니다. 고마운 사람, 곁에 있는 사람 그리고 나 자신. 불안하지만 그것을 견뎌 내고 도전하는 마음은 어렸을 적에만 있었던 것일까요? 아니면 내 인생은 너무 평탄히 왔던 것이기 때문에 그렇게 도전이라는 단어를 잊어버린 걸까요. 아무리

사직서를 가슴에 품고 다녀도 그것은 마찬가지였습니다. 제 경우에는요. 스스로에 대한 집중이 그 첫 번째였습니다. '내가 무엇을 해야 하지?'에서 시작하지 않았습니다. 그저 나는 무엇을 하고 싶은가에 대하여 고민하기 시작했습니다. 너무 쉬운 질문인 거 같아요? "뭐 좋아해?" "뭐 하고 싶어?"라는 부분은요. "어렸을 적 꿈이 뭐야?" "나중에 커서 뭐 되고 싶어?"라는 말에 그저 명사로만 대답했던 스스로가 지금의 나를 만들어 가고 있을 테니까요. 그저 평범하기 그지없는 저는 이렇게 두 번째 책을 쓰고 있습니다. 아무도 읽어 주지 않아도 나를 담는 글이라는 품 안에서 글을 쓰고 있는 것처럼요. 우리는 너무 쉽게 무언가 된다는 것을 명사화시키고 있습니다. 그저 명함의 직함에 집착적으로 삶을 살아가고 있는 분들이 많습니다. 아직 직장인인 저 스스로 놓지 못한 부분이기도 합니다.

자발적 퇴사는 나를 표현하는 것들을 명사에서 동사와 형용사로 변경하면서 그 마음이 자연스러워졌습니다. 처음은 '살고 싶다'였어요. 살고 싶다. 짜여진 틀에서 숨막히도록 나다움이 없어지는 삶에 나도 모르는 내 모습이 나오기 시작했거든요. 그래서 어디서? 또는 어떻게 살고 싶은가에 대해 고민했어요. 저의 전공은 산림입니다. 누가 물어본다면 "나무 전공했어요"라고 말하고 했죠. 그 당시 직업도 나무와 관계된 직업이었거든요. '나무 답게 살고 싶다' '나무와 살고 싶다' '나무와 숲이 있는 곳에 살고 싶다' 이렇게 스스로 말을 이어 갔습니다. '무엇을 할 수 있을까' '무엇이 더 필요할까' '무엇을 더 준비해야 할까'라는 부분으로 첫 번째 퇴사를 준비했습니다. 모두가 전문가이길 바라면서 마치 아무것도 하지 않아도 누군가 알아서 나를 찾아내, 스카우트 시장에 내어 주고 더 좋은 조건을 제시하는 곳에 사람과 정을 생각해서 옮겨 가고 싶은 그런 말도 안

되는(그런 분들도 존재하지만) 상상을 하고는 했습니다. 하지만 이직 시장은 만만치 않습니다. 자기 자신에 대한 냉정한 평가를 바라지 않는 부분도 있지요. 누군가에게 자신의 지난 삶에 대한 평가가 이직 시장에서 낱낱이 파헤쳐질 거란 부분이 두려워 스스로 감추기 위해서이지는 않을까요? 저는 스스로에게 더 솔직해지고 나서야 퇴사를 할 수 있었습니다. 가장 길게 쉬었던 것은 1년 6개월이었습니다. 첫 번째 직장과 두 번째 직장의 중간 텀이 생각보다 길었습니다. 하지만 그 사이 1년은 공부하는 기간이었습니다. 1년간의 교육과정에 운이 좋게 선발되어 태안에 있는 아름다운 수목원에서 한 해를 보냈습니다. 아직 전문가라고 부르기에는 너무 많이 부족하지만 서른이 넘고 나서 다시 공부를 할 수 있다는 것이 얼마나 행복했는지 아직도 두고두고 가장 잘한 생각이라고 스스로를 칭찬하고 있습니다.

인생에 만족을 느끼지 못하는 대부분의 사람들은

자신은 운명을 개선해 보려는

노력은 보류한 채 타고난 신세와 때를 잘못 만난 것을

한탄만 하고 있는 사람들이다.

왜 모두들 그렇게 허둥지둥 살면서 인생을 낭비하고 있는가?

배가 고프기도 전에 굶어 죽을 것 같은 모습이다.

- 핸리데이빗 소로우, 월든 -

더 좋은 회사, 더 좋은 직급, 더 나은 월급, 더 나은 사람, 더 나은…을 꿈꾸지만 이직이 결코 내 삶의 대답이 될 수는 없다는 것을 두 번째 이직을 하고 나서 알았습니다. 첫 번째 이직은 스스로에 대한 선택에 대한 반성이었다면 두 번째 이직은 첫 번째 스스로가 세운 기준점. 명사를 동사와 형용사로 바꾼 점이 무너지기 시작한 시점부터였습니다. 숲과 나무와 함께하고 싶었던 삶에서 숲과 나무와 사람이 함께하는 삶을 살기로 한 두 번째 직업에서 숲과 나무가 사라지고 사람만 남았습니다. 그래서 이제 또 옮겨가야겠다는 마음을 먹고 마치 겨울의 끝에서 나무의 겨울눈(冬芽, Winter bud)을 만들 듯 움직거림을 시작했습니다.

그 안에서 MBA라는 작은 겨울눈이 자라기 시작했습니다. 그것은 마치 본질에 대한 물음이 대답으로 행동으로 나온 첫 번째 발걸음이었습니다. 왜 미처 모르고 있었을까요. 목마른 사슴(?)이 아닌 목마른 사람이 우물을 찾는 것처럼, 사람에 대한 갈증이었을까요. 무언가 배운다는 것, 무언가 깨닫는다는 것이. 어쩌면 아직 만나지 못한 사람에 대한 멘토, 스승에 대한 갈증이었다는 것을요. 사람과의 헤어짐을 퇴사라고 하고 새로운 사람과의 만남을 이직이라고 표현한다면 결국 사람을 찾아 나와 함께할 사람을 찾아 헤매는 삶에서의 부분적인 의미들을 채워 가는 갈증은 결국 사람에 대한 갈증이었겠지요. 그렇게 퇴사와 이직에 대한 갈증은 삶의 갈증으로 그리고 그 우물은 MBA가 되었습니다. 흔히들 MBA를 인맥을 쌓으러 간다고 하지요. 하지만 제게 MBA는 마치 경영학의 총망라된 또 사회의 구성원들 특히 이 시대를 고민하는 분들의 집합체였습니다. 그렇게 저는 MBA에서 잊지 못할 사람들을 만나게 됩니다.

게으름은 즐겁지만 괴로운 상태다.

우리는 행복해지기 위해 무엇인가 하고 있어야 한다.

Indolence is a delightful but distressing state;

we must be doing something to be happy.

- 마하트마 간디 -

# 3

# 멈추면 보이는 직장인의 삶

아, 쉬고 싶다. 이런 말을 마지막으로 해 본 적이 언제일까요? 저녁 7시,
저는 쉬고 있었습니다. 마치 내게 이런 시간은 다시 오지 않을 것 같은
배움이었고 또 만남이었습니다. 저녁 7시는 MBA 수업시간이 시작되는
시간이었죠. 업무가 끝나지 않아 학교에 가지 못한 적도 있습니다. 과제
를 제출하기 위해 주말을 포기한 것이 수두룩합니다.

하지만 MBA는 마치 살아 있음을 느끼게 해 주는 시간이었습니다. 나
만 홀로 멈춰 있는 것처럼 느끼는 삶의 연속, 업무가 아니면 나를 표현할
수 없는 무언의 구속, 가족과 함께여도 느낄 수 없는 공허함이 삶에 있
습니다. 무슨 이야기가 더 필요할까요? 삶에서 이러한 순간들이 들이닥
쳤을 때 당신은 어떻게 하고 있나요? 사람들은 자기의 삶을 살면서 나를
위함이 아닌 다른 사람을 위한 일을 더 많이 하고 있습니다.

멈춰 보세요. 아무것도 안 하는 것이 멈춤이 아닌, 나를 위한 시간의

시작을 멈춤이라고 생각해 보세요. 수많은 직장 안에서 수많은 회사에서 수많은 관계에서 어떻게 MBA를 통해 만나 또 이렇게 계속 지내고 있는지 저는 의문이 듭니다. 특히 학교에서는 인사 조직 전공을 했습니다. 회사 내에서 계속해서 벌어지고 있는 사람 관계에서 오는 피곤함을 좀 더 좋은 시스템으로 또 평가로 관계로 이어지게 하는 부분들이 저에게는 의문이었습니다.

단순한 계산식처럼 1+1의 정답이 2가 되는 산수가 아닌 그 정답 또한 무한대로 변하는 인생의 변화무쌍함 속에서 단순히 배움으로 끝나지 않는 결과로 시간의 퍼즐을 맞추고 있는 것이 직장인의 피곤함입니다. 학교의 1학년은 마치 직장인들을 위한 종합교양수업 같았습니다. 재무, 회계, 인사, MIS, 오퍼레이션 등 자연스럽게 회사에 가면 배우는 것들을 다시 학문으로 배웠습니다. 아마 경영학과 나오신 분들은 이해하지 못할 수도 있습니다. 다른 전공을 하고 특히 이공계 그리고 좀 더 자연학문에 가까운 산림자원학과 임산공학을 배운 제게는 우리가 구성하고 사회가 돌아가게 하는 시스템, 즉 경영학이라는 부분에 대해 다시 한번 생각하게 해 주었습니다. 그러고 나니 삶이 명쾌해지기 시작했습니다. 강의가 끝나고 나면 관련분야 전문가(직장 5년~20년 차)의 동기들이 모여 토론하는 부분입니다. 토론이라 말하면서 이 시대를 살아가는 무언가 각자의 다름을 이야기하는 것들이 저에게는 돌파구였고 휴식처였습니다. 정말 오랜만에 무언가 기다리는 시간이 생겼습니다. 대화가 통하는 사람을 만나고 또 그 대화를 통해 서로를 이해하고 삶에 적용하고 더 나아가 관계자들을 통해 더 원활한 업무를 하게 되었습니다.

시작이 멈춤을 주었습니다. 마치 나의 삶이 하나의 부품에 불과해 그저 쳇바퀴 돌던 저의 삶에 시간이 돌아왔습니다. 나를 위한 시간. 나를 위한 투자. 함께하고 싶은 사람들까지. 만나지 못했던, 아마 MBA를 시작하지 않았다면 만나지 못했을 것 같은 사람들과의 대화로 점점 더 마음이 풍족해졌습니다. 아무 생각없이 놀기도 하고 그들과 책을 만들기도 하고, 주말은 트렌드 모임을 통해 서로의 인사이트를 나누는 일을 계속하고 있습니다. '학업과 일이라는 두 가지를 병행하면서 할 수 있을까?'라는 불안감은 어느새 잊히고 제게는 졸업장이 남아 있습니다.

당신의 시간의 값어치는 얼마일까요? 혹시 삶이 지루하세요? 당신은 전문가인가요? 당신의 연봉은 얼마에요?

이러한 것들이 당신을 완벽히 표현하지 않습니다. 저는 사람을 만났습니다. 이 과정을 통해 두렵기만 했던 제 자신과 마주했습니다. 그렇게 만난 불안하기만 한 제 자신은 없었습니다.

지금 당신이 다니고 있는 직장이 당신의 마지막 직장인가요? 혹시 마지막이라면 또 마지막이 아니라면 다양한 삶의 걱정을 가지고 있는 당신의 새로운 친구를 만나 보는 건 어떨까요? 새로운 사람들과 만나느라 돈도 조금 더 들고 학비도 좀 더 내고 시간도 더 필요하지만, 당신의 삶의 멈추면 보이는 직장인의 삶을 위해 멈춰 보는 것은 어떨까요?

멈추면 비로소 보이는 것들
'지금, 내 마음이 바쁜것인가, 아니면 세상이 바쁜것인가?'
The things you can see only when you slow down
- 마하트마 간디-

# 4

# 내일의 나를 위한 한걸음

돌이켜보면 제가 가장 좋아했던 강의시간의 핵심 키워드는 "Motivation"입니다. 동기부여라고 쉽게 표현되는 말, 이 간단한 단어에 사람을 넣어보면 어떨까요? 동기부여가 되는 사람, 동기부여가 필요한 사람, 동기부여를 해 주는 사람, 만나면 동기부여가 되는 사람. 지난 시간 속에서 늘 기다렸던 나를 위한 선지자. 동기부여를 주는 사람을 얼마나 만나 봤을까요? 스스로 주는 동기부여에 대해 생각해 본 적 있을까요? 여러 단계로 설명되는 동기부여는 저는 기술이라고 생각하지 않습니다. 제가 생각하는 동기부여는 커뮤니케이션입니다. 대화가 통하는 한 명만 있어도 삶이 행복합니다. 하지만 우리는 삶에서 '왜 나를 이해해 주지 않지?'라는 수많은 일을 겪고 있습니다.

내일의 나, 바로 이러한 부분에서 제가 추구하는 인사조직 분야의 일입니다. 동기부여의 욕구단계설과, 2요인론, 기대이론과 공정성이론 등이 있지만 이 모든 것을 통한 것이 직무의 주체가 만들어 가는 스스로의 동기부여입니다. 기대수준이란 피드백을 통해 만들어집니다. 우리가 마치 시험을 보고 채점이 되어 돌아오는 점수나 반응을 통해 만들어지는 부분입니다. 이러한 동기부여는 다양한 관점의 필요를 만들어 냅니다. 어느 누군가에게는 직무설계가 필요하고 또 다른 누군가에게는 보상이 필요하고 사람 사람마다의 다른 점을 통해 달라지는 동기부여는 결국 행동을 촉진하는 현상입니다.

하지만 이러한 만족을 스스로에게 물어보는 것이 선행되어야 하지 않을까요? 직무스트레스 없이 살고 있는 사람에게 스트레스가 무엇이냐고 물어본다면 정말 "전 스트레스 없이 살고 있습니다"라고 말할까요?

내일의 나에게 물어봅니다. 그동안의 이직과 퇴사, 그리고 대학원과 만난 사람들을 통해 꿈이 달라졌는지를요. 시간이 흘러갑니다. 지금 당신의 시간에 당신이 하고 싶은 일, 당신이 꿈꿔 왔던 삶, 그리고 만족이라는 평가에 스스로 행동하고 있는지 생각해 보아야 합니다. 저는 MBA를 마친 후 스스로와 대화할 수 있는 시간을 만들려 합니다. 혼자만 조용히 있는 시간이 아닌 나의 존재를 기억할 수 있는 순간을 만듭니다. 점점 시간의 소중함을 느끼며 살아가고 있습니다. 저의 일주일을 정말 칼로 자른 것처럼 명쾌하게 월요일에서 금요일로 또 토요일에서 일요일로 자를 수 없는 것처럼요. 그렇게 오늘의 하루가 나를 만듭니다.

스스로를 위한 동기부여하는 습관을 만드세요. 스스로를 위한 시간을 만드세요 그 시간은 당신이 혼자 있는 아무도 없는 공간과 경험해 보지 못한 새로운 곳에서 나오지 않습니다. 당신이 누군가와 함께 공감할 수 있고 일방적인 지시나 통보가 아닌 대화라는 진정한 의미를 느끼게 해 주는 방법이라면 언제 어디서든 가능합니다. 제게 이러한 부분을 알려 주셨던 많은 MBA 동기들이 머릿속을 스쳐 갑니다. 매일 만나고 싶은 그리움으로 남아 또 만날 날을 기다리고 있는 것처럼요.

천천히 그리고 단단하게 앞으로 나아가야 합니다. 내 삶의 온전한 나의 24시간을 살기 위해서요. 당신에게 아무도 이러한 선물을 주지 않아요. 스스로가 찾아야 해요. 그것이 당신이 선택한 수많은 부분들 속에 당신이 발견해 주길 그렇게 기다리고 있습니다.

의욕이 있고, 역량이 있고, 경청할 수 있는 자제력이 있어야 한다.

경청은 기술이 아니다.

그것은 절제이며 누구나 하고자 하면 할 수 있다.

자제력은 할 수 있지만 하지 않을 수 있는 능력이다.

힘을 휘두를 수 있지만 휘두르지 않는 것이다.

자기가 알지만 부하직원 말을 들으려 한다.

그런 면에서 자기가 전지전능하다고 생각하는 리더는 자격이 없다.

커뮤니케이션에 있어 가장 중요한 것은

상대가 말하지 않은 것까지 듣는 것이다.

The most important thing in communication is hearing what isn't said.

- 피터 드러커. Peter F. Drucker -

# 5

## 시작의 즐거움

2019년 MBA 모임을 통해 세상에 첫 책이 나왔습니다. 그저 좋아하는 이야기를 무작정 써내려 갔던 첫 책에서 숲에 대한 감상, 느끼는 것들을 주저리 없이 적고는 책이 되어 몹시 부끄러웠던 기억. 그저 블로그에 띄엄띄엄 쓰던 글처럼 남겼던 것들을 모아 주제 분류를 하고 또 틈틈이 써내려 가면서 어느새 5명이 각자의 생각을 담아 완성했던 책 한 권이 그렇게 세상에 나왔습니다. 그리고 난 뒤 2년 후. 이렇게 또 새로운 책을 쓰기 위해 더 커진 MBA의 트렌드 사람들이 모였습니다.

여전히 저는 게으르고 게으릅니다. 아직도 시작에 주저하면서 또 다른 변화를 꿈꾸고 있습니다. 그저 흐르는 강물처럼, 파도치는 바다처럼, 깨어나는 봄처럼 그렇게 시작하고 싶습니다. 엎질러지지 않게 조심하는 것보다 엎지르고 또 새로 채우는 것의 즐거움이 무엇보다 나에게 큰 기쁨을 준다는 것을 알려 준 MBA와 사람들을 통해 오늘도 배우며 살고 있습니다.

저는 모든 동기부여 이론을 좋아합니다. 특히 매슬로우의 욕구이론을 좋아하는데 점진적인 욕구의 단계를 지배적으로 보는 것이 아닌, 삶을 삶답게 만드는 것, 그리고 사람을 사람답게 만드는 것. 또 내가 가지고 있는 나는 몰랐던 장점인 좋은 재주와 능력을 발견하는 일이 나에게는 가장 행복한 일입니다. 그렇게 저는 새로움을 선택했습다. 그 첫 번째가 이직입니다. 수많은 고민과 또 헤어짐을 뒤로한 채 그렇게 지난해 MBA를 졸업과 동시에 준비한 이직에 성공하였습니다. 또 다른 새로운 사람들을 만나 생각을 나누고 숲과 나무와 행복한 시간을 보내고 있습니다.

스트레스 하나 없을 것 같다는 생각은 거짓말이 되어 가고 있지만 스스로 만드는 변화와 공간에 즐거움이 더해지고 있습니다. 또 새롭게 시작한 것이 있습니다. 하나는 다시 대학생이 된 것과 이렇게 두 번째 책을 쓰고 있는 점입니다. 이번 책에서는 무슨 이야기를 할까 고민도 많이 했지만 MBA에 대한 이야기를 적었습니다. 마치 지난 아쉬운 코로나19로 인하여 마무리가 아쉬웠던 졸업식을 뒤로한 채 그렇게 마치 졸업을 기억하기위한 메모리얼을 남기고 있습니다.

나는 그렇게 살기로 했고. 매슬로우의 자아실현(Self-actualization) 단계를 우선적으로 생각하기로 했습니다. 그 시작이 실현입니다. 어쩌면 이루어지지 않을 시작과 불안을 그저 클릭하는 버튼이라고 생각하며 혼자가 어렵다면 함께하는 것부터 시작하고 또 어려운 일이라면 언제든 대화할 수 있는 사람들과 마음을 나누는 삶. 그렇게 좋은 사람들과 즐거운 상상을 통해 무언가 시작하는 일을 즐기고 있습니다.

다시 MBA를 보냈던 시간으로 돌아가고 싶습니다. 누군가의 동생, 누군가의 친구, 또 누군가의 선후배로서 사람과 사람이 행복한 시간을 보내고 싶습니다. 이직을 하면서 좋아하는 공간으로 이동을 했지만 서울에서 멀어지고 삶의 공간이 바뀌고 나니 만나고 싶은 사람을 자주 만날수가 없습니다.

제일 아쉬운 부분이기 하지만 지금 이 순간은 나를 위해 집중해야 하는 순간이라고 생각합니다. 미하이칙센트의 《몰입》 책의 영명이 《Find Flow》입니다. 우리가 몰입이라고 생각하는 Immersion이 아닌 지금 이 순간의 Flow, 스스로가 만드는 새로운 물결을 빨리 알아채는 것, 삶에서 고여 있는 물이 썩어 버리는 것을 알아차렸다면 스스로 흐름을 만들기 위해 움직여야 합니다. 이러한 움직임이 파도를 만들고 흐름을 만들 것입니다.

인생은 어떤식으로 살라고 누가 정해놓은
규칙이 있는게 아니다.
중요한 것은 나에게 맞는 삶의 방식을 찾아내는 일이다.

- 미하이 칙센트미하이, Mihaly Csikszentmihalyi -

**[PS. 나는 그렇게 살기로 했다.]**

나는 그렇게 살기로 했다. 앞으로 새로운 바람과 행동을 통해 삶을 나아가기로 선택했습니다. 늘 어려웠던 선택은 점점 객관식이 아닌 주관식으로 다가왔고 그렇게 선택의 기로에서 늘 고민스럽기만 했습니다.

하지만 이제 선택하는 방법에 대해 정확하지는 않지만 행동이라는 부분, 동기부여라는 방법을 배워 가고 있습니다. 시작은 미미하고 항상 어려웠지만 그 행복의 크기는 절대적이었고 나를 위한 그리고 우리를 위한 시간은 언제나 위대했습니다.

다시, 시작. 그렇게 나는 늘 시작으로 상상으로 즐거움을 통해 살아갈 것입니다. 다음 글쓰기에서도 나타 낼 수 있는 그러한 공감의 상상은 또 어떻게 변할지. 오늘도 많이 웃어야겠습니다. 더 많은 사람과 나누고 느끼고 그렇게 살기 위해서 오늘도 정해진 규칙이 아닌, 나에게 맞는 모든 선택지를 다 선택해야겠습니다.

숲과 나무, 그리고 사람. 그렇게 나는 작은 나무씨에서 움트고 싹터 나무가 되고 그렇게 사람과 모여 숲이 되고 싶습니다.

## Episode 1.

선택을 상황에 맡기다. 할까 말까. 해도 될까. 안 될까. J와 나의 프로젝트 시작에 대한 고민이 계속 장고(長考)를 이어 가고 있었다. 그렇게 J와 고민하던 중, "고민하지 말고 우연에 맡겨 볼까요?"라고 제안을 했다. "회의를 위해 J가 A에서 만날까? B에서 만날까?"라고 물었다. 대뜸 나는 A나 B 중에 서로 아무 데나 가고 싶은 데로 가기로 해요. 우리 같은 장소에서 만나면 시작하고 서로 엇갈리면 하지 말죠! 라고 제안했다. 우리는 정말 우연히 취향저격처럼 같은 장소에 정시에 만났고 또 우연처럼 우리는 프로젝트를 시작하지 않기로 했다. (참고로 J는 남자다.) 결정은 어렵지 않다. **고민이 결정을 돕지 않는다.**

## Episode 2.

"졸업은 할 수 있을까요?" 1학년 내내 걱정은 '졸업을 할 수 있을까'였다. 그렇게 시간이 흘러 2학년이 되었다. 신입생 오리엔테이션에서 제일 먼저 들은 말이 "졸업은 할 수 있을까요. 회사일이 너무 바빠서요"라는 질문이었다. 우리는 둘 다 졸업을 했다. **시작이 반이 아니라 끝이다.**

## Episode 3.

코로나19로 인해 졸업식이 취소되었다. 개별적으로 학과사무실에서 졸업장을 찾아가라고 전달받았다. 그렇게 우리는 졸업장을 받고 셀프 기념촬영을 하고 우리가 처음 만났던 장소에서 소소한 모임을 하였다. 갑

자기 등장한 학장님, 결국 졸업장을 학장님께 수여받았다. 졸업식장은 아니였지만 학장님께 받은 졸업축하와 격려. **세상에 우연은 필연이다.**

## Episode 4.

'나 이직했다' 친한 동기인 H에게 전화가 왔다. 만나자! 이직 준비하느라 잠시 정신없는 시간을 보내며 마지막 결과를 기다리고 있을 때였다. 엄청난 축하를 나누고는 그렇게 나도 합격통보를 받았다. 이직 맛집, **꿈을 찾아 떠난 사람들의 결말.**

## Episode 5.

업무를 하면서 Case가 필요한 경우가 많다. 즉시 자문을 받거나 간단하게 해결할 수 있지만 도움을 찾으려면 사람을 찾아야 하는 경우다. 나는 휴대폰의 연락처를 켠다. 그리고 전화를 건다. 그리고 해결했다. **MBA의 숨은 능력.** 인재 맛집. 찾으면 다 나오고 닿으면 다 해결이 되는 마법의 연락처 명부.

박순옥

# 어쩌다 MBA,
# 어떻게 해야 할까~?

# 1

## 어쩌다 MBA 과정에 들어오게 되었나?

〈어쩌다 사장〉이라는 방송 프로그램을 보면서… 내가 어쩌면 딱 그런 경우가 아닌가… 아니 진짜 어쩌다 보니 사장이 된 게 아닌가 하는 생각이 들었다. 조직에서 주어진 일과 수동적인 업무에 익숙한 환경에 있다가 해외에서 비즈니스 스쿨 입문을 위한 교육을 살짝 맛보면서… 어쩌면 나는… 나 자신을 모르고 있었거나 내가 잘할 수 있는 건 다른게 있지 않을까 하는 여러 가지 생각을 해 볼 수 있는 기회가 생기게 되었다.

국내 환경에만 노출되었다가, 해외에서 완전 다른 환경에서 새로운 경험은 어쩌면 나의 인생의 전환점이 되었고, 이후 국내와 해외를 오가면서 사업 운영에 대한 아이디어를 계속 모으면서, 꾸준히 웹사이트 운영을 해 왔던 게 자연스럽게 비즈니스를 준비를 해 온 시간들이었다. 시간이 지나고 보니 IT관련 온라인 플랫폼 운영에 대한 도메인 관리부터 상표, 나라별 법적 규제 등 전반적인 지식들을 쌓아 가게 된 것 같다.

또한, 우연한 기회로 싱가포르에서 비즈니스 참여 기회가 생기면서 국내에서 해외 진출사업가 분들과 해외에 거주하면서 직장생활을 하시거나 사업을 하시는 분들과 여러 가지 미팅들을 참여하면서 사람들과의 관계를 구축하는 인맥이 점점 늘려가게 되면서 자연스럽게 사업가의 길로 입문하게 된 것 같다.

국내에는 2018년도쯤에 귀국해서 본격적으로 국내 사업을 정착시키기 위해 준비하면서, 국내 오랜 지인 분들과 팀빌딩을 이루어서 여러 가지 플랫폼을 개발·진척시켜 갔고, 최소 기능 제품(MVP, Minimum Viable Product)은 직접 발품 팔아 가면서 일일이 대면으로 A/B 테스트를 실행하면서 피드백을 통해 사업 아이템을 구체화하기 위해 여러 가지 사업 기획 문서와 UI/UX 자료들을 업데이트해 갔다. 팀원 분들의 정보를 통해서 국가에서 지원해 주는 여러 가지 교육들과 멘토링 과정을 거치면서, 자연스럽게 국가 지원사업들을 통해 사업 자금 시드머니(Seed Money)가 형성이 되어 정말로 어쩌다 사장이 되어 버렸다.

어쩌다 사장이 된 김에…. 그러면 제대로 된 사업을 해 보자는 심정으로 온라인과 무료교육만으로는 궁금증과 모든 사업 대표나 리더로서 역량을 채우거나 입증하는 데 한계가 있는 것 같다는 생각을 스스로 하게 된 것 같다. 무수한 계약서들과 세무 처리만으로도 기본 서류보다 법적인 이슈를 커버하기 위해서는 정말 전문가들의 도움이 필요하다는 생각도 들어서 나의 인적 네트워크만으로는 한계가 있을 수 있다는 판단도 들었다.

누군가 전문성을 입증해 내라고 등 떠밀지 않더라도… 해외에 있을 때부터 비즈니스를 위한 MBA과정을 입학하고 끝마치지 못한 아쉬움이 있기도 해서… 커리큘럼 과정이 최대한 비슷한 학교를 찾아보았고, 마침 시기적절하게 입학서류 원서 접수 가능한 학교가 딱 한 개 남아 있었고, 증빙서류를 학교 졸업장 외에는 다 갖추진 못하고 급하게 넣었지만 자소서와 면접 덕분에 덜컥 합격의 영광을 맛본 탓인지 새로운 MBA 과정 학교생활을 시작하게 되었다.

마침 국내 사업도 본격적으로 시작했겠다 나의 능력을 한 단계 업그레이드를 하고자 사업 규모가 커지기 전에 시야를 넓히기 위해서라도 한시라도 빨리 MBA 과정을 마치는 것이 여러모로 좋은 결정이었던 것 같다.

# 2

## MBA 인맥과 정보력은 무엇인가?

경영전문대학원(Master of Business Administration) 과정은 학부전공과 관련 없이 실무적인 경영학 지식을 배워서 기업에 접목시키는데 집중하기 때문에 좀 더 실제 비즈니스 현장에서 적용해 볼 수 있기에, 창업을 원하거나 기업의 대표(CEO)들이 실용적인 경영 전반적인 지식을 습득하기 위해 MBA 과정을 선택하게 된다.

경영전문대학원 과정은 일반대학원(Master of Science, Master of Engineering 또는 Master of Art 등)이나 의학대학원(Master of Medical Science)에서 이수하는 석사과정(Master's degree)이 학문적인 목적으로 연구에 집중하기 때문에 MBA과정이 보다 기업 실무에 적용하는 수업 이수과목들로 구성되어 있다고 볼 수 있다. 대부분의 학교에서 수업과목은 8개의 모듈(Modules)로 이루어져 있고, 마케팅(Marketing), 인사(Human

Resource Management), 회계(Accounting), 재무(Finance), 경영통계 (Management Statistics), 경영운영(Operation Management), 국제경영 (International Management), 경영정보시스템(Management Information System)들로 이루어져 있다.

각 과목들에 대한 강의들은 대부분 인터넷에 온라인 강의들이 올라와 있다. (참고 사이트: http://www.kocw.net, http://www.kmooc.kr)

학문적인 목적으로만 본다면 위에 무료 온라인 학습과정이나 유튜브 (youtube.com) 채널 등으로도 충분히 지식을 습득할 수 있겠지만, MBA 과정에서 무엇보다 중요한 건 정보력과 네트워크의 집합체라고 감히 말할 수 있겠다.

기본적으로는 학교 홈페이지에 관련된 이벤트 소식과 동문 주소록 등을 통해서 본인들 노력 여부에 따라 많은 정보들과 인적 네트워크를 활용해 볼 수 있겠다.

그러나, 2020년 신입생부터는 코로나 시대(COVID-19) 영향으로 많은 이벤트들이 취소되거나 동문들과 네트워크를 할 수 있는 컨택 포인트 (Contact Point)가 줄어들다 보니, 활용도가 높지 않거나 불편한 부분들이 속속 발생하고 있다.

다행인 것은 코로나 장기화로 인해 사회 관계망 서비스(Social Network Service)가 점점 발달하고 있어서 동문들의 참여도가 점점 높아져 가고 있다.

현재, MBA 대학원과 별개로 학생들이 자발적으로 운영하고 있는 커뮤니티 온라인 사이트 네이버 블로그에 그동안 선후배 동문들의 활동 내역을 모두 참여해 볼 수 있고 블로그 가입방법은 해마다 같은 입학 기수의 각 조별 조장들이나 동문 원우회라는 조직을 통해 안내 절차를 통해 가입 승인이 절차가 이루어져서 블로그 활동을 할 수 있도록 학교 생활이외 활동에 참여할 수 있도록 했다.

이 밖에도, 학술제 활동을 통해서 각 학술 목적별로 스터디 참여나 자신이 공부한 분야나 업무분야 등을 발표해 볼 수 있는 매월 행해지는 학술제 발표를 통해 대외적인 활동에 적극적으로 참여해 볼 수 있게 되어 있다. 원우회를 통해 정식 허가를 받으면 학술국 형태로 지원도 받을 수 있고, 매 학술제마다 동문들의 지원으로 다양한 형태의 학술 행사가 진행된다고 볼 수 있다. 내가 다녔던 MBA대학원의 대표적인 학술 활동 모임은 '트렌드 모임', '인문학 인사이트', '인사학회', '칠드런 모임', '등산모임' 등이 카카오톡 단체 오픈 채팅방이나 라인 소모임에서 실시간 정보들을 주고받고 있다. 이를 활용해서 이벤트 활동에 대한 정보나 인적 네트워크 활용을 통한 궁금한 사항 등을 실시간으로 문의와 답변 등을 통해서 학교 생활뿐만 아니라 자신의 업무분야에서 필요한 정보들을 빠르게 취득할 수 있는 장점들이 있다. 여기서, 다 못 나눈 이야기는 서로 개별적으로 4인 이하(코로나 사회적 거리두기 기준) 범위 내에서 오프라인 모임들도 자연스럽게 일어나고 있으니, 학교생활의 무료함을 달래줄 시기적절한 SNS 활용 팁이 아닌가 싶다.

사실, 이 책 또한 '트렌드 소모임' 선후배 동문 가입자 110여 명 중에서 8명 등의 지원자들을 통해 온·오프라인 모임을 통해서 1차 책 발간(《이상하게 좋은 MBA》, 2020.)에 이어 2차 시리즈(《MBA에 대체 뭐가 있는데요? - 미리 다녀보는 직장인 MBA》, 2021.)가 탄생하게 된 배경이 되어 주었다. 코로나(COVID-19)로 인해 직접적인 대면 모임이 제한되는 만큼 온라인을 활용한 생산성 앱들이 적절히 활용해서 프로젝트를 수행하는 데 큰 도움을 받고 있다. 대표적으로, 생산성 앱들로는 Zoom이나 마이크로 소프트 Teems, Skype 등을 통해 실시간 화상 회를 통해 진행할 수 있었다. 이밖에, 프로젝트 파일 공유는 기본적으로 구글 드라이브(google drive)에 엑셀이나 ppt 파일 등 문서 파일 등을 공유할 수도 있고, 설문조사도 가능하나 업무용 프로젝트는 슬랙(Slack), 트렐로(Trello), 아사나(Asana), 노션(Notion), 깃헙(Github), 지라(Jira), 위키(Wiki) 등으로 실시간으로 이슈나 이벤트 정보들을 공유하는 협업 툴들로 유용하게 활용되고 있다.

# 3

# MBA 전공은
# 어떤 기준으로 선택해야 할까?

MBA 전공은 1년 동안 2학기 동안에 8개 모듈 중에 전공 선택 6과목을 마치고 나면, 3학기 때 8개 모듈과정 중에서 전공을 선택하게 되어 있고 전공 필수 이수 학습량을 채워야 하는데, 3학기 때 전공 필수 과목 3과목 중 전공 필수 2과목을 먼저 수료하고 전공 필수 외 타 전공 필수 1과목을 이수해서, 4학기 시작할 때 프로젝트 전공 1과목을 통해 프로젝트 발표 과제가 통과되면 졸업이수 요건을 끝마칠 수 있다. 만약에, 3학기 마친 후 전공과목을 바꾸고 싶다면, 4학기 때 프로젝트 과제 선택할 때, 3학기 때 타 전공 필수 1과목 같은 진공 필수 과목 2개를 다시 이수해서 전공을 한 번 더 수정해서 졸업할 수 있는 기회가 있다.

'MBA과정에서 과연 전공 선택은 어떻게 할까?'를 대부분의 MBA 학생들이 가장 많이 고민하는 부분이라 선택 기준을 나름대로 정리해 보왔다. 쉽게 생각하자면, MBA과정에 들어오기 전에 백그라운드 전공과 MBA 과정을 이수한 사람들의 관련 산업 분야나 직업, 자신이 관심 있는 분야를 생각해 보면 객관적으로 자신이 필요한 전공과목이 무엇인지 정리해 볼 수 있을 것 같다.

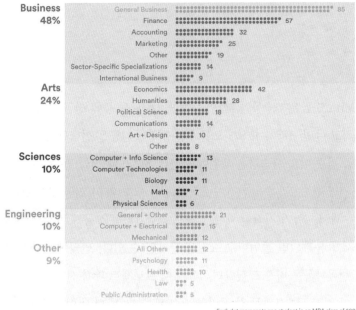

사진 3-1. MBA과정 입학 전 학부나 석사 과정 전공 분포도

(자료 출처: https://www.earnest.com/)

첫 번째, MBA 과정에 들어오는 사람들의 학부나 석사학위 졸업자들의

전공 분포도를 보면, 미국의 명문 학교들 가운데 Top 10 학교들을 대상으로 조사한 결과 학교마다 비율이 다르긴 하지만, 평균적으로 가장 많은 다수가 비즈니스와 관련된 전공자들이 48%로 가장 많았다. 그 다음으로, 인문학 전공자 24%, 과학 관련 전공자와 엔지니어링 전공 관련자 졸업자가 각각 10%씩 학부졸업 경력을 가지고 있다. 이외에도, 기타 특수 전문 분야 전공자도 9% 정도가 학부나 석사과정 졸업 후 MBA과정을 들어오기 전에 전문성을 갖추고 입학하는 것으로 확인되었다. (사진 3-1)

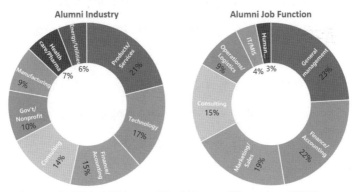

**MBAs Do It All**
Full-time MBA alumni industries and job functions

Based on responses from 5,897 alumni of full-time two-year MBA and full-time one-year MBA programs source. GMAC(2018). Alumni Perspectives survey www.gmac.com/alumni perspectives

사진 3-2. MBA 과정 졸업생 산업분야와 직업 분야 분포도

(자료 출처: 2018년 GMAC, https://www.mba.com)

두 번째, 2020년 MBA전공 졸업자업무 분야나 산업들을 조사해 보면, 다양한 산업 분야로 연결이 되고, MBA 졸업생 6,000명을 대상으로 조사

한 결과 90%가 직업 분야 커리어가 업그레이드되었던 것으로 확인했다 (자료 출처: 2018년 GMAC). 연관 산업 분야로서는 5,897명 응답자들 중에 생산/서비스 관련 분야 21%, 테크놀로지 분야 17%, 재무/회계 15%, 컨설팅 14%, 정부기관/비영리기관 10%, 재조 분야 9%, 헬스케어/제약 7%, 에너지/공익사업 6%로 구성되었다. 그리고, 직업 분야는 일반 관리직 23%, 재무/회계사 22%, 마케팅/세일즈 19%, 컨설턴트 15%, 오퍼레이션/물류 9%, IT/MIS 4%, 인사관리 3%로 해당 직업군에서 MBA과정을 전공한 것으로 확인했다. (사진 3-2)

세 번째, 자신의 진로를 위해 관심 있는 분야들이 어떤 것이 있는지 확인해 보면, 학부 전공이나 현재 업무 분야가 아닌 직업 분야에 관심을 두거나 다른 분야로의 이직 또는 부업을 위해 다양한 다른 분야에 관심을 두고 선택하는 전공 이수자들이 더욱 늘어가고 있는 경향이 있다. 실제로, MBA과정 전공 교수님들께도 상담을 해 보면 자신이 하고 있는 업무에 대한 지식이 충분한 경우에는 다른 관심 분야의 도메인 지식 습득을 위해 다른 전공을 선택하도록 권유하기도 했었다.

그래서, 관련된 업무가 아닌 다른 전공 사례들을 살펴보았다. 패션관련업 종사자가 리더쉽(leadership) 관련해서 관리 능력을 향상을 위해 인사전공을 하고 승진하거나 창업대표가 된 사례가 있다. 쇼핑몰 업체 기획자는 마케팅이나 MIS관련 전공을 통해 소비자 유입경로 분석을 통한 업무능력 향상을 하는데 도움을 받기도 했다고 한다. 또다른 이유로, 스타트업(Start-up)을 운영하고 있는 대표들 중에는 MBA과정에 있는 인사관리나 회계전공 수업을 통해 실질적으로 회사를 운영하는 데 있어서 가장 골치 아팠던 노하우들을 얻거나 같이 수업을 듣는 분들과 인맥을 통해서 큰 도움을 받았다는 경험이 목격되었다고 한다. '인사가 만사'라는 말이 있듯이 회사가 보유한 기술과 장점들만으로는 세세하게 운영하기 힘든 일들을 사람을 통해서 해결했다는 의미였던 것 같다. 또한, 기업 재무상황을 파악하고, 세금이나 세무처리 하는 데 있어서 고민이 된 부분들도 이론과 체계적 학습으로 막연한 자신의 기업가치(순현재가치, Net Present Value)를 평가도 해 보고, 세무회계 업무를 하신 분들과 같이 대화해 볼 수도 있고 해서 절세 꿀팁들도 얻을 수 있는 기회가 되었다고 했다. 인사담당자 중에는 다른 분야로 이직을 위해 인사전공이 아닌 재무나 MIS 등 다른 전공을 통해 다른 분야로 이직을 희망하는 경우도 있었다. 시대가 변함에 따라, 평생직장 아닌 다른 분야로 이직을 희망하여 테스트해 보거나 여러 가지 방식으로 수익 창출을 위해 부업을 희망하게 되면서, 마케팅 관련 전공을 통해 네이버 스마트 스토어 판매나 크라우드 펀딩(예: 와디즈 Wadiz)을 통해 수익을 창출해 내거나 크몽(Kmong)이나 숨고(Soomgo) 등과 같은 재능마켓이나 여러 SNS채널들을 활용해서 아웃소싱이나 프리랜서 등록을 통해서 직접적인 추가 수입을 만드는 분들도 있다.

최근에는, 코로나 여파로 인해 코스피(KOSPI)가 작년 2020년 3월 하순 1,400대까지 하락했으나 2021년 4월 3,200선까지 급등하는 경향을 보이게 되자 MBA 과정에서 재무전공이 비인기 과목이었으나 전공을 선택하는 일이 2배 가까이 늘어났다고 했다. 주식으로 유입된 많은 이들이 주식 관련된 재무전공을 통해서 합법적인? 부수입을 발생하는 경우도 발생하고 있다. 자본시장 연구원 자료에 따르면 코로나19 국면의 개인투자자 자본 유입량 분석(자료 출처: Korea Capital Market Instiute 자본시장연구원, 2021년, https://www.kcmi.re.kr/)을 통해 2016~2019년 4년간 평균 거래금액에 비해 2020년 한 해 동안 2.9배인 4,300조 원 이상이 유입되었고, 이는 2020년 주식시장 시가총액의 2.5배 규모인 것을 감안하면 MBA 과정 이수자의 일부 또는 상당수도 개인투자자로서 이에 동참했을 가능성이 상당히 높아 보인다. (사진 3-3)

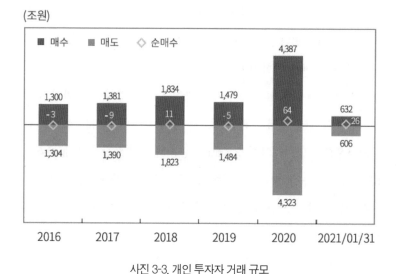

사진 3-3. 개인 투자자 거래 규모

(자료 출처: https://www.kcmi.re.kr/)

더욱이, 코로나 시대(COVID-19)에 떠오르는 직업 관련 산업과 아닌 산업을 살펴보면, MBA 취업박람회를 통해 채용의 미래가 어떻게 바뀔지 엿볼 수 있다. 전망이 좋은 곳은 테크놀로지(Technology), 제약, 헬스케어, 핀테크(Fin Tech, Finance + IT Technology), 컨설팅 분야 산업들과 관련된 직업들이 전도유망하고, 반대로 힘들어지는 산업분야 직업군으로는 수송과 손님 접대, 전문 스포츠, 여행, 레저저 산업 분야가 각 나라마다 국경이 폐쇄되면서 MBA 전공자가 관련업으로 종사하기가 점점 어려워질 것이라는 일부 의견이 있지만 절대적이지 않기에 참고만 해볼 것을 권유한다.

여담으로 말하자면, MBA 선택 시 '명문대 간판'은 중요하게 고려되지 않은 것으로 조사 결과(자료 출처: 2010년 11월, 서울 뉴스 와이어 https://www.newswire.co.kr/)에도 드러난 만큼, 어떤 MBA 전공과목이 자신의 커리어나 현직에서 도움이 되는지가 선택할 때 가장 중요시된다고 볼 수 있겠다. 이와 관련해서, MBA 입학 설명회 168명 참석자 가운데 103명이 답변한 설문 조사에 의하면, MBA 선택시 최우선 고려 사항으로 커리큘럼 및 교수진 구성(43%)으로 선택했고, MBA 취득하고자 하는 목적으로 개인역량 강화(51%), 커리어 전환(35%)이 주요 이유였다. 또한, MBA 고려 시 애로사항으로 직장 병행 어려움(47%), 등록금 및 학비(38%) 순으로 힘들어했고, 국내 MBA 선택 이점으로 합리적인 학비(39%), 국내외 경영사례와 균형 있는 커리큘럼(29%), 인적네트워크 구축가능(27%) 순으로 선택했다. 이 설문조사가 10년이 지났음에도 불구하고, 2020-21년에 국내 MBA과정에 입학한 학생들을 대상으로 비공식적인 설문조사를 통해 알아봤을 때도 비슷한 응답 결과가 나와서 놀라웠다. 아마도, 코로나 세계 대유행(Pandemic COVID-19) 여파로 국내

MBA 과정을 선택하면서 학생들의 선택이 10년 전 상황과 맞물려지는 상황이 무엇이 있는지 조심스럽게 추측해 볼 수 있을 것 같다. (사진 3-4)

가장 중요한 것은, 코로나 시대 이후(Post COVID-19) 산업 분야와 직업군별로 중요성이 부각되는 곳들이 빠르게 변화되는 만큼, 자신의 커리어 발전에도 도움이 되면서 자신의 관심사에 맞게 꾸준히 지속가능성 있는 것을 우선적으로 고려하게 되는 것 같다. 그리고, 개개인 삶의 질을 충족시킬 만한 전공을 선택이 무엇인지 발견한다면 후회가 없지 않을까 한다. 앞에 나온 자료들을 토대로 다른 분들이 먼저 지나온 과정을 보고 자신에게 최적이 어떤 것인지 찾는 과정에 좀더 객관적 근거를 들어서 결정하는 데 도움이 될 만한 것들을 확인해 보고자 했다.

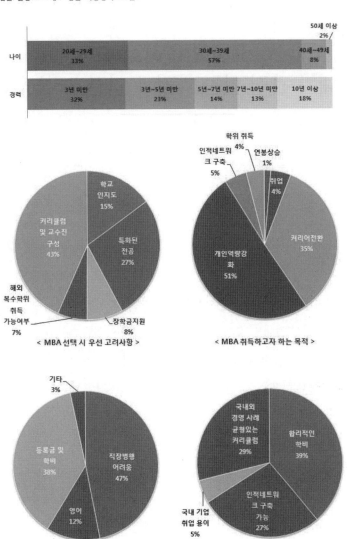

※ 설문조사 대상: 2010년 11월 10일 '서울과학종합대학원 2011학년도 MBA 입학설명회' 참석자 168명 중 설문에 응한 103명
- 평균 연령: 34.3세 / 평균 직장경력: 8.5년

나이
20세~29세 33% | 30세~39세 57% | 40세~49세 8% | 50세 이상 2%

경력
3년 미만 32% | 3년~5년 미만 23% | 5년~7년 미만 14% | 7년~10년 미만 13% | 10년 이상 18%

< MBA 선택 시 우선 고려사항 >
커리큘럼 및 교수진 구성 43%
학교 인지도 15%
특화된 전공 27%
장학금지원 8%
해외 복수학위 취득 가능여부 7%

< MBA 취득하고자 하는 목적 >
개인역량강화 51%
커리어전환 35%
인적네트워크 구축 5%
학위 취득 4%
연봉상승 1%
취업 4%

< MBA 고려 시 애로사항 >
직장병행 어려움 47%
등록금 및 학비 38%
영어 12%
기타 3%

< 국내 MBA 이점 >
합리적인 학비 39%
국내외 경영 사례 균형있는 커리큘럼 29%
인적네트워크 구축 가능 27%
국내 기업 취업 용이 5%

사진 3-4. MBA 과정 졸업생 산업분야와 직업 분야 분포도

(자료 출처: https://www.newswire.co.kr/)

# 4

## 학위과정 이외에
## 내가 관심 있는 과정과 연결고리는?

다시 어쩌다 보니 사업을 운영하는 대표가 되었고, MBA 과정도 입문하게 되어 사업 확장을 본격화하려는 찰나에, 2020년 코로나가 갑작스럽게 닥치면서 비대면 경제활동을 하는 인구가 늘어나면서, 사업영역도 자연스럽게 피벗(Pivot)과정을 거쳐야 했다. 사회적 거리두기 단계는 여러 차례 걸쳐 바뀌었지만, 2021년에도 계속 이어지면서 부득이하게 모든 업무는 재택으로 전환해서 운영해야 했고, 업무 외 회의 일정도 최소화하거나 예약된 계약들이 축소되거나 취소되는 사태가 발생했기에 사업 초기로서는 위축되는 분위기를 어쩔수 없게 되었다. 직원 수도 감소하고 최소 인원으로 회사를 운영하다 보니, 업무 마비가 오는 찰나에 처음부터 비대면으로 일할 직원을 신규로 뽑든지, 새로운 팀을 구성하든지 결정을 해야 하는 고민의 시간도 있을 수밖에 없었다.

새로운 팀 구성이나 직원들을 채용이나 사업 방향을 전환하는 시점에서 다시 새로운 마음으로 시작하려면, 사업 전략부터 다시 구상해야 했다. 그러던 중에 2021년 팟캐스트(Podcast) 방식이지만 새로운 스타일의 다중 사용자 음성 대화 서비스로 SNS 채널계의 핵 돌풍을 일으킨 클럽하우스(Clubhouse)가 선풍적 인기를 끌게 되었고, 작년에 그들만의 대화방식이나 초대장에도 별 관심이 없었다가 뭔가에 홀린 듯이, 여성 스타트업 커뮤니티 채널 중에 하나인 '스타트업 여성들의 삶'을 통해 초대장을 우연히 신청해서 받게 된 게 계기가 되어 사용하기 시작했다. 이렇게 소규모 오픈채팅방이나 SNS상에서 서로 릴레이로 주변인들에게 소개를 하게 되면서 앱 사용량이 급격하게 증가하게 되었다. (사진 4-1)

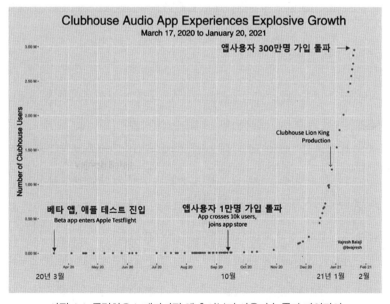

사진 4-1. 클럽하우스 베타버전 앱 출시부터 사용자수 증가 타임라인

(자료 출처: https://voicebot.ai/)

그해 2021년 2월은 국내뿐만 아니라 해외에도 사용량이 급증하긴 했으나, 한국과 중국에만 있는 설날 구정 연휴 기간이 있는 우리나라에서는 클럽하우스 운영진이 사용자 패턴 분석에 활동 이상을 감지할 정도로 이슈가 되기도 했다. 내가 목격하거나 들은 바로도 설 구정 연휴 2021년 2월 11~14일, 4일 동안에 잠도 안 자고, 클럽하우스를 접속해서 계속 활동하는 사람들이 최고치를 향할 정도로 활성 사용자(Active Users)가 역대 SNS채널에 비해 월등히 뛰어났다. 그동안 비대면 화상 회의에 지친 사람들이 유입되었다는 분석들이 쏟아져 나왔고, 기술적으로 팔로우(Follow) 수를 급격하게 늘려 주는 데 급급한 다른 SNS 채널과 달라서 마케팅 분야의 사람들이 구매 전환율(Conversion Rate) 뿐만 아니라 활동(Activation), 재방문(Retention), 공유(Referral)에 대한 가능성을 보고, 왕성하게 활동을 하기 시작했다는 보고서는 굳이 확인하지 않아도 자주 목격되곤 했다. 그들의 열정적인 활동 덕분이었을까? 처음 사용하는 초보자들을 위한 서비스 사용자 안내나 방운영을 위한 기능과 주의사항, 노하우들을 서로 공유하기 위한 문화가 자연스럽게 형성되었다. 이는 블로그나 온라인상에 문서로 아카이빙(Archiving) 되면서 빠르게 퍼져 나갔다. 클럽하우스와 같이 쌍방향 음성 서비스에 익숙한 기존 음성서비스나 팟캐스트로 활동했던 분들도 신규 채널로 유입이 되었고, IT개발자나 투자자, 마케터 분들이 초기유입이 되면서 다양한 분야의 사람들이 편하게 직접 이야기를 동시에 실시간으로 주고받을 수 있을 수 있는 대화의 장이 마련되었다. 나 또한 이런 트렌디한 분위기에 휩쓸려 어쩌다가 매일 방송을 운영하다 보니 초기 진입만으로도 인맥형성에 도움이 되는 팔로워(Follower), 팔로윙(Following) 친구 관계 형성이 순식간에 2천명이 넘는 모더레이터(Moderator)가 되어 있었고, 클럽을 운영하는 어드민(Admin)이나 자신이 직접 생성한 클럽의 파운더(Founder)가 되어 있었다. 그리고, 최근에는 여러 클럽을 운영하는 파운더나 어드민 관리자 분들과 연합하는 모임에 수장으로 추대되어 클럽하우스 내에서 여러 클럽들 연합 모임 대표로서 그곳에서 '의장' 호칭으로 불리게 되었다. 이는 호칭과 자리보다도 좀 더 책임감 있게 리더 역할을 하면서 다른 대표들과 잘 소통하면서 좋은 문화를 나누는 데 좋은 시너지를 낼 수 있도록 윤활류 역할을 해 달라는 의미로 받아들여졌다. 사람들 간 진정성과 공감성이 가미된 연결고리를 찾는데 휴먼터치(Human Touch) 할 수 있는 좋은 학습 도구로서 이러한 SNS채널 활용하는 데 중심역할을 한다면 배울점들이 많을것으로 보인다.

사실, 온라인 활동을 통해 내가 얻은 최대 수익이라 하면 온라인 활동이 다양한 사람들과 인적 네트워크 형성하는 데 큰 도움이 되었다는 것이고, 만나기 힘든 각계 각층의 전문가나 고위층들과 셀럽(Celebrity)들과 맞팔 관계를 형성해 주었다는 것이다. 또한, 많은 사람들과 매일 대화를 통해서 언어능력이 향상되었을 뿐만 아니라 리더쉽을 기르는 데도 도움이 되었다. 이 밖에도, 실제로 방을 운영하기 위해 다른 사람과 팀을 꾸려서 방송 진행해야 하기 때문에 사업할 때와 비슷하게 운영 관리 능력이나 인맥 관리 능력이 향상된다는 것이다. 특히나, 오프라인 강연에 인지도 높으신 퍼실리테이터 구기욱 대표님이 운영하는 '조직문화이야기'와 관련된 리더십 강연과 교육에 험블 리더십(Humble leadership) 관련 문의를 했었는데, 함께 모더레이팅(진행자) 제안이 오게 되어 진행할 수 있는 기회도 생기게 되었다. 클럽하우스 내에서도 토론 관련 주제로 진행을 하면서 영향력 있는 많은 분들이 참여를 하면서 심도 깊은 토론 주제로 질문과 답변식으로 대화하는 방식들로 진행하면서 많은 것들을 배울 수 있는 기회도 있게 되었다. 지속적으로 꾸준히 매일 방송진행 운영을 하다 보니, 운이 좋게도 좋은 사람들과 인연이 되어 TV에 나오는 CF 홍보 영상에 음악작업 했던 분을 통해 방운영 홍보용 음악 선물도 받게 되고, 출판업을 하는 '클럽하우스 북클럽' 운영자에게 도서 협찬이나 여러 유명한 사업의 최고 마케팅 책임자(CMO)들로부터 광고용 협찬품들을 약속 받기도 했다. 특히나, 인플루언서들이나 기업을 운영하는 대표나 실권자분들과 직접 대화를 나누게 되면서 협업하는 제안도 서로 주고받고, 필요한 정보와 인적 네트워크를 얻게 되는 경험도 쉽게 이루어졌다. 더욱이, 투자 유치나 스폰서 쉽을 얻는 데도 음성 대화만으로도 가능한 길이 열리게 되었다. 실제로, 독일 출신 세계적인 산업디자이너 거장 디터람스(Dieter Rams 1932. 5. 20.~)의 가전 브랜드 브라운(Braun) 스타일을 한국에 재현된 전시관을 운영 중이신 '4560디자인하우스' 제이슨(Jason Park) 대표님이 직접 제작해 주신 클럽 로고나 인디 밴드 Kyly의 김우관님이 제작해 주신 홍보 로고송을 만들어 주신 게 계기가 되어 클럽을 만들어서 방을 개설하면서 만나면서 인연이 된 다른 방 운영자 분들과 연합 프로젝트를 시작하게 된 계기도 불과 2개월도 안 돼서 매일 대화하다 보니 끈끈한 의리가 생기게 된 놀라운 일들이 계속 벌어지고 있다. 최근에, 방을 운영하면서 클럽하우스에서 만난 다양한 분야 사람들로 기획된 공연(월요취향 01, 2021. 6. 28.)이 인디밴드 서예린(feat. 크라잉넛 김인수), Kyly 밴드(서가연, 김우관, 이해민)로 활동한 아티스트 분들의 음원 출원(토종영국삼계탕, Home)과 오프라인 공연까지 1개월여 만에 이루어졌다. 이뿐만 아니라, 50석 매진과 노쇼(Noshow)가 거의없게 성황리에 이루어졌다는 놀라운 일도 생겨났다. 올해 초부터 지켜봐 왔지만, 음성으로 처음 만난 사람사람들과 공연기획부터 음원녹음과 오프라인 공연이 초단기간 이뤄진 최초 성공사례가 아닐까 한다.

또 다른 하나는, SK 바이오 투자의 이동훈 부사장님이 운영하시는 '클하대학교 校 넓고 깊은 명문교육'에서 강의를 듣는 것만으로 인연이 되어서 언제든지 대화나 메신저를 주고받으면서 언제든지 프로젝트에 마음먹으면 참여할 수 있는 가능성이 열렸다는 것이다. 실제로 각 분야 고위층?에 계신 분들과 직접 소통하고 의견을 나눌 수 있는 핫라인(Hotline) 생겼다는 것이 많은 일이 생겨날 것 같은 설렘과 희망을 보인 것이다. 이런 사실들이 클럽하우스를 이용하는 많은 사람들의 목격담이나 놀라운 스토리들로 실제로 일어나는 일이라는 게 다른 SNS 사용자들에게는 실로 놀라운 일이 아닐 수 없다.

참고로, 클럽하우스가 사업 초기 스타트업에게 벤치마킹 대상으로서 롤 모델로서 충분히 활용 가치가 있기에 이들의 이용자 수 성장 과정과 회사 가치 변화를 간략하게 설명하고자 한다. 애플의 ios 운영체제 이용자만 사용 가능했던 베타 앱은 2020년 3월쯤 출시했고, 2021년 2월 활성 사용자 수가 600만 명이 넘었고, 3월까지 계속 증가하다가 4월에는 지불기능(Payments)이 추가되고, 5월에는 안드로이드 앱까지 출시하게 되어 전 세계 사용자 수는 웨이브를 타면서 지속적으로 증가할 수 있겠다

는 전망으로 보고되고 있다. 기업가치도 이에 뒷받침하듯이 2021년 1월
에 기업가치 1조 원 이상(10억 달러) 시장을 내다보고 시리즈 B 투자유
치가 이루어졌는데, 얼마 안 된 4월에 이미 약 4.5조 원(40억 달러)가치
를 뛰어넘어서 펀드(fund)가 1000억 원 이상의 시리즈 C 투자가 이루어
졌으니 거의 1년 만에 유니콘(Unicorn) 기업으로 성장한 스타업들 중에
는 당연 독보적이라고 할 수 있겠다. (사진 4-1, 4-2)

클럽하우스 대표(CEO)이자 공동창립자(Co-founders) 중에 한 명인
폴(Paul Davison) 이 사내 공지사항 발표한 내용에 의하면, 내부보고서
에 의해 작성된 사용자 활동 분석을 해 보면 안드로이드 유저들의 유입
이후 방을 운영하는 개수도 2021년 5월에는 대략 매일 30만 개에서 7월
말쯤에는 매일 60만 개로 2배 이상 늘어났고, 점차 더 늘어나는 추세라
고 했다. (한국시간 2021년 8월 2일 Clubhouse HQ, Town Hall Meeting
중에서, 한글 번역 요약 웹사이트 https://tmtinc.tistory.com/m/13)

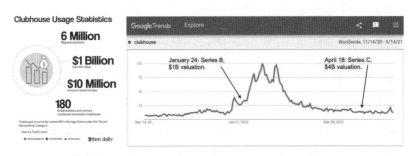

사진 4-2. 클럽하우스 사용자와 시장 가치평가 (2021년 1월~4월)

(자료 출처: https://twentytendaily.com/)

국내 클럽하우스 사용자들도 2021년 3월까지 국내 인구의 3% 가까이

로 추정되었고, 안드로이드 앱이 5월에 출시되는 것을 감안하면 더욱 많은 사용자들이 유입될 것으로 예상해 볼 수 있겠다.

이처럼, 클럽하우스의 성장 가능성을 보고 많은 이들이 선택한 이유 중에 하나가 사업을 함에 있어서 다양한 SNS 채널들을 통해 콘텐츠를 생산하거나 브랜딩을 하는 게 최신 트렌드가 되기에 뒤처지는 게 싫은 FOMO(Fear of Missing Out)족들에게는 어쩌면 당연한 선택이었겠다. 그러나, 나의 상황에서는 시간적 공간적인 제약을 덜 받을 수 있는 클럽하우스가 스타트업 업무와 관련한 작업을 하면서 SNS 채널을 통해 현재 사업에 대한 인사이트를 얻고, 팀을 꾸려서 진행하는데 리더쉽을 간접 체험하거나 빠르게 인맥을 형성할 수 있고, 동시에 일을 여러 개 진행할 수 있도록 체력 소모를 덜어 주는 필수선택 도구가 되어 주었다.

앞서 설명한 앱이 아니더라도, 개인이 처한 환경이나 성향에 따라서 다양한 다른 앱들을 활용해서 자신을 브랜딩 하거나 콘텐츠를 홍보하는 데 이용해 볼 수 있을 것이다. 가령 예를 들면, 이미 알려진 유투브나 인스타그램, 페이스북, 트위터는 익히 알려져 있지만 다른 앱들과 연동성을 감안해서 활용해 보면 더욱 도움이 될 것이다. 최근에 3차원 가상세계를 뜻하는 메타버스(Metaverse, Meta + Universe) 관련한 제페토(Zepeto), 스페이스(Space), 오큘러스(Oculus)를 활용해서도 자신만의 취미와 콘텐츠를 발굴하고 홍보하기 좋은 툴(Tools)들이 생겨났다. 이는 개인과 기업 모두에게 수익성 사업으로도 연결이 되기도 하고, 어떤 생산물들 또는 학습도구들을 가볍게 체험하거나 경험을 통해 다양한 분야와 연결해 주는 플랫폼 역할로 볼 수 있을 것 같다. 개인적으로는 소비자 행동 패턴을 분석하는 데 있어서, 데이터 분석만으로는 해결이 안 되는 특정 집단의 믿음 활동을 하는 밈(Meme)현상을 이해하는 데 도움이 되고 있다.

# 5

# MBA 석사과정이 끝나면
# 우리의 진로 방향은?

MBA 과정에서 우리가 흥미를 가지게 된 분야로 공부를 하다 보면 자
연스럽게 졸업 후에 진로를 선택하는 데 고민이 되는 부분이 있다. 그래
서, 일단 내가 학업과 진행한 일들을 병행하면서 겪어 본 과정과 진로 방
향에 대해 사례를 소개하고, 우리 각자의 진로를 결정하는 데 도움이 되
었으면 한다.

먼저, 내가 강의 내용들 중에 흥미롭게 공부했던 것은 마케팅 조사론
을 위한 통계프로그램 중에 하나인 SAS를 이용해 마케팅 설문조사 데이
터 분석 기법이었고, 기업재무와 투자론을 통해서 기업가치 측정 방식
들 중에 재무재표 활용법이나 기업가치 평가를 위한 NPV(Net Present
Value) 방법 등 다양한 이론과 원리들을 배움으로써 미래의 현금을 현재
가치로 환산하는 방법들이 매우 유용했다. 특히, 투자론에서 증권의 주

식가치는 샤프비율(Sharpe ratio)를 통한 합리적 투자 의사결정 내리는 데 도움이 되는 마법과 같은 공식들을 이용해 경영정보시스템(MIS) 수업 때 배운 Python 프로그램으로 한국 증권시장에 상장되어 있는 6,190개(2021년 5월 16일 기준) 상장 종목 시계열 자료들은 코로나 팬데믹은 역사적 사건들과 금융데이터의 변동률 등으로 분석해 보았다.

이와 같은 분석의 주된 근거는 해외 데이터 사례로 보면 역사적으로 전세계의 큰 사건들이 있을 때마다, 경제 성장에 영향을 주는 주가 변동이나 유입량 같은 것들을 확인할 수 있다. 이를 단적으로 보여 주는 한 예로 시카고옵션거래소 변동성 지수 VIX(Chicago Board Options Exchange Volatility Index)를 들 수 있는데, 이는 미국 증시의 기대 변동성 지표로 S&P 500지수의 옵션가격에 기초하며, 향후 30일간 지수의 풋옵션과 콜옵션(Put and Call Options) 가중 가격을 결합하여 산정하기 때문에 투자자들의 생각을 반영해서 얼마나 변동할 것인지 견해를 볼 수 있다. VIX지수 그래프에 스파크(Spike)를 띠는 변동성 구간에서 역사적으로도 커다란 사건들이 있음을 확인할 수 있다. 예를 들면, 이미 2000년 초반인 2001년 9월 911테러가 발생하고, 같은 기간 초반에 발생한 닷컴 버블 붕괴때 나타났던 고점이 2007-2008년 세계 경제 금융 위기(예: 2007년 서브프라임 모기지 subprime mortgage, 2008년 9월 리만브라더스 파산신청)를 겪었다(참고로, 한국 구제금융 IMF는 1998년 발생). 또한, 2009년 미국과 영국 대규모 양적완하 정책으로 인한 경제 침체기, 2010년 4월 미국 멕시코만 인근 해역에서 사고로 인한 대규모 기름이 기름유출과 인명사고 발생했고, 같은 시기 초에 남북유럽 재정위기로 유로존 존폐가 위협을 받았으며, 2011년 3월 11일은 규모 9.0의 대규모 지진과 쓰나미가 일본 후쿠시마 원전을 강타한 사건들이 발생했다. 이 같은 기간에 VIX 지수에서 엄청나게 요동치는 피크(Peak)가 발생한 것들을 확인할 수 있다. 특히나, 최근에 겪은 COVID-19이 팬데믹으로 전환되는 시점인 2020년 3월에 VIX 지수 역시 상당히 높은 수치로 피크가 올라가 있는 것을 확인할 수 있다. (사진 5-1) 이런 역사적 사건과 변동성 지수 데이터가 시사하는 바는 여러 가지 각도에서 인사이트를 얻을 수 있다.

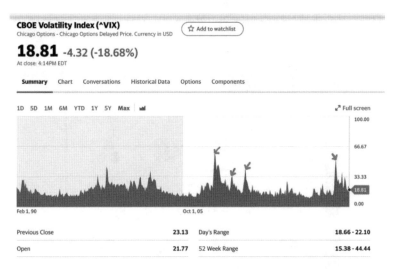

사진 5-1. CBOE Volatility Index (VIX) 지수를 통한 주가 변동률 예측

(자료 출처: 2021년 5월 15일 기준, yahoo finance)

여러 데이터 분석 관점에서 역사적 사건들은 경제 상황과 맞물려서 돌아가는 상황이 데이터 유용성이 확인될 수 있다는 사실은 무척 고무적이다.

어쩌면, 역사적 사건과 금융 데이터가 일치한다는 사실은 당연한 결과이지만, 데이터 분석 결과로 보았을 때는 마치 내가 또 다른 세상으로 연결된 것처럼 마음의 전율이 요동치는 것이 느껴졌다. 이러한 신선한 충격과 함께 느꼈던 감정을 이어 가기 위해서 빠르게 서비스를 테스트하기 위한 데이터셋들을 구축해서 클라우드 서비스부터 A/B 테스트용 자료들을 학기 중에 만들어 냈다. 이 서비스는 일반인들이 어려워하거나 시간이 오래 걸리는 프로그램 설치부터 알고리즘 모듈들은 미리 준비해 두었다가, 필요한 자료만 바로바로 핸즈온(hands-on) 방식으로 궁금한 자료에 대한 데이터 결과만 분석할 수 있는 편리함을 위한 것부터 집중했다. (사진 5-2)

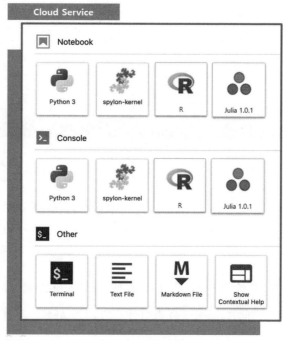

사진 5-2. 데이터 분석 프로그램 클라우드 서비스로서 테크핀 사업 구상

MBA에 대체 뭐가 있는데요?

따라서, 요즘과 같이 주식시장가격이 요동을 칠 때, 다른 사람들이 추천하는 방식이 아니라 본인이 간단하게 프로그래밍 언어 몇 가지만 배우면 주어진 종목과 코드 몇 개만 수정해서 핸즈온(Hands-on) 방식으로 데이터 모델링을 만들거나 직접 자신만의 최적 포트폴리오(예: 자본자산 가격결정모형, Capital Asset Pricing Model, CAPM 이론근거)를 구성해 볼 수 있게 했다. 이는 정보의 홍수 속에서 특정 부류만 승자 독식 할 수 있는 무분별한 정보들을 걸러내 고, 정보의 비대칭 속에서 전문분석가의 도움없이 할 수 있는 투자 기준점을 잡는 데 중요한 지표로 활용될 수 있다.

이렇게 배운 데이터 분석 방법들은 주식 시장뿐만 아니라, 부동산 시장이나 소상공인들을 위한 시장 조사, 코로나와 같은 질병이나 질환, 기후나 환경 데이터를 분석하고자 하는 분들에게 영역을 확장해서 유용하게 쓰일 수 있도록 데이터 분석 전문가로 가기 위한 초석이 될 수 있는 플랫폼을 구축해서 테크핀(TechFin, IT Technology + Finance)사업으로 영역을 점차 확장해 갈 계획이다. 이러한 방향성을 잡는 근거로는 최근 젊은층 사이에서 열정적으로 관심을 보이는 불로소득(不勞所得, Passive Income)을 얻는 방법들을 미리 터득할 수 있는 방법이 있을지 찾다가 데이터 분석과정과 연결고리를 찾게 되었던 점이다. 연이어서, 새로운 사업모델로서는 경제적 자립과 조기 은퇴를 꿈꾸는 파이어족(FIRE)처럼 즐거운 라이프 스타일 준비하는 이들을 도와줄 수 있는 최적의 경제 데이터 학습 모델링을 구축해 커뮤니티와 교육을 병행해 가는 것이다.

이를 통해, 점차 사업이 발전해 가면서 마케팅 분야와 경제학 분야에서든지 개인과 기업 투자론 관점에서 데이터 분석을 필요로 하는 모든 곳에서 거대한 자본력과 정보비대칭으로부터 보호가 될 수 있는 우리들만의 우산효과(Umbrella Effect)가 되기를 기대해 본다.

궁극적으로, 나의 사업화하는 과정에 대한 사례를 통해 우리가 결정하게 될 진로 방향성은 어쩌면…. 자신이 궁금해하고 흥미로웠던 영역들을 선택하고 자신이 잘할 수 있는 것들을 목업(Mock Up) 형태를 만들어서 MVP(Minimum Viable Product)를 확인해 본다든지, 플랫폼 서비스를 애자일(agile)방식으로 구현해 보는 과정을 반복하다 보면 진로를 결정하는 데 있어서 좀 더 수월하게? 또는 자연스럽게 흘러가게 될 것이라고 기대해 볼 수 있지 않을까 한다. 물론, 나와 같은 방향성을 가지고 경제활동과 관련된 데이터 수집과 분석관련 수업과정에 흥미를 느꼈다면 언제든지 주저하지 말고 연락을 준다면 정말 웰컴(Welcome)이다.

# 6

# 마무리, 나의 위안과 누군가를 위한 마음

이제 와서 돌이켜 보면, 앞에 기술된 내용이나 내가 걸어온 길이 어떻게 흘러서 여기까지 왔나 하고 정리해서 말한다는 게… 어떤 면에서는 늘 시행착오를 겪어 온 사람으로서 겸손해져야 함에도 불구하고 이렇게 글쓰기 모임에 참여해서 출판까지 여정을 되짚어 봅니다.

그럼에도 불구하고, 용기를 낼 수 있었던 이유는…. 아무래도 자신의 여정을 되돌아보고 스스로 정리도 되지만…, '나처럼 헤매일 때 뭐 하나라도 필요한 정보나 다른 분들의 과정을 엿볼 수 있다면' 하고 도움이 필요한 분들이 읽어 보실 수 있기를 감히 바라 봅니다. 그래도, 글쓴이를 얕잡아 보는 마음이든, 해매는 상황에 답답한 마음으로 위로가 되든지 간에 진심으로 작으나마 도움이 되길 바라는 마음으로 용기를 내어 봅니다.

비록 정제되지 않은 내용일지라도, '누군가에게는 이보다는 더 잘할 수 있다는 최소한의 용기를 내어 볼 수 있지 않을까⋯?' 하고 스스로를 위로해 봅니다. 저처럼 자신을 알아가기 위해 노력하시거나, 자신 이야기에 수줍어하시는 많은 분들과 소통을 할 때 웃음포인트로도 이 책을 권해 보는 도구로 활용될 수 있을 거라는 상상을 해 봅니다.

MBA에 대체 뭐가 있는데요~? 저의 결론은 '뭐든지 물어보고 함께 프로젝트를 도모해 볼 수 있는 전우애가 깃든 동기와 인생 선후배 원우님들과 함께 정보교류와 네트워크를 할 수 있는 장이 마련되어 있습니다.' 라고 답변할 수 있습니다.

"우리의 직장생활이나 일과 함께하는 MBA과정은 비록 고되게 느껴질지라도 언제나 우리를 가치 있게 성장해 가는 여정이 됩니다."

- Sunny의 생각-

**김문섭**

## MBA 2년 무엇을 배웠나

# 1

# MBA를 결정하기까지

지난 2년간 서울시립대학교 경영대학원에서 보고 듣고 배운 것들을 소소하게나마 기록하고 싶은 마음에 이렇게 펜을 들게 되었다. 우선 이렇게 소중하게 나에게 자리를 내어 준 시립대학교 학술모임인 트렌드 회장 김진 교수님에게 감사의 인사를 전하고 싶다.

사실 나는 학부를 졸업한 지도 까마득하고 늦은 나이에 공부를 다시 시작한다는 부담감과 '이제 와서 학사 학위가 나에게 무슨 소용이 있을까?' 하는 의심이 내면에서 갈구하는 MBA 수료증과 갈등하고 있었다.

가족을 설득할 때 했던 말이 생각난다. "배워서 남 주겠어? 그리고, 남편이, 아빠가 석사면 좋지 않아? 나중에 은퇴해서 뭐라도 할 때 도움이 되겠지! 두고 보라고!" 이렇게 호기롭게 말했던 기억이 난다. 지금 생각해 보면 설득이 아니라 일방적인 통보였고 무슨 자신감으로 그렇게 말했는지 모르지만 결국은 혼자 고민하고 내린 선택이었다.

여하튼 나에게는 쉽지 않은 결정이었고, 그 결정 이후에는 '과연 처음의 의지처럼 무사히 과정을 잘 마칠 수 있을까?' 하는 스스로에 대한 의심도 적지 않았던 것이 사실이다. 그러나 나의 의심은 곧 잠깐의 기우였다는 것을 깨닫기까지 그리 오랜 시간이 걸리지 않았다. 나 말고도 배움에 대한 열정이 많은 친구와 선배들이 여럿이 있었고, 나이는 몇 해 어리지만 생각이 깊고 상대방을 존중하고 배려하는 동생들이 주변에 많아서 학교생활에 쉽게 적응하였다. 다만 회사에서 퇴근을 하고 저녁시간에 수업을 듣는 것이 체력적으로 쉬운 일은 아니었다. 회사에서 고객들이나 동료 직원들과 저녁을 먹거나 늦게까지 술을 마시는 것을 피곤하다고 생각해 본 적은 없었는데 학교에서 수업을 듣는 것이 이렇게 힘든 일인지. 어리둥절할 정도로 몸이 적응을 하지 못하고 집중력이 떨어지는 것이 아닌가? 오래 잠자고 있던 학업에 대한 열정을 간신히 깨워 대학원에 도전한 나에게 저질 체력은 새로운 문제를 야기시켰고, 이를 극복하기 위해서 어쩔 수 없이 주말에 정기적으로 등산과 걷기 등의 운동을 시작을 하게 되었다. 2개월여 정도의 시간이 지난 후에는 수업시간에 졸거나 집중력이 떨어지는 현상은 상당히 감소하였다. 물론 집중력이 감소하지 않았다고 교수님의 강의가 잘 이해된다는 이야기는 아니다. 교수님들의 수업내용은 생각보다 녹록지 않았고, 수업 때마다 내 주시는 학습과제는 주말에 시간을 내서 몰아서 하기에도 벅찬 적이 많았다.

　그럼에도 불구하고 30기 원우회 동기 분들과 특히 1조 조원들의 끈끈한 정으로 수많은 과제와 Case study와 조별과제 등을 무사히 마칠 수 있었다. 물론 학교에서 배운 사례를 통해서 내가 일하고 있는 회사에서도 적용한 사례도 있는데 잠시 후에 자세히 소개할 예정이다.

# 2

# 즐거운 동호회 트렌드

 

2년 동안의 MBA 과정의 시간을 보내면서 여러 가지 추억들이 많겠지만 지금에 와서 생각해 보면, 그러니까 내 기억 속에서 자주 소환되었던 이벤트들을 키워드 형식으로 정리해 보면 "서울시립대학교 경영대학원, 30기 원우회, 1조, 코로나 바이러스, 트렌드, 네트워킹, 조별과제, Case study, 친구, 배운 거 써먹자, 인생 2막, 창업, 은퇴, 석사학위, 졸업, 칠드런, 인문학, 산악회, ZOOM, 피곤, 번개, 남이섬, MT 등"이다. 물론 나의 기억의 저장소에서 뽑아내지 못한 키워드도 많을 것이다. 지금부터는 나의 MBA 생활의 기억 저장소 중에서 가장 인상적이었던 몇 개의 키워드에 대하여 소개하고자 한다.

2년 동안의 MBA 과정은 나에게 여러 가지 면에서 신선한 경험을 주었다. 학과 교수님의 커리큘럼은 당연히 전문 경영학도가 갖추어야 할 전문적인 콘텐츠이므로 자연스럽게 학습하게 되었지만 교과과정 외에도 잊지 못할 배움이 많은데 그중에는 "배움에는 스승이 따로 없다"라는 사실을 스스로 재발견한 것이라고 할 수 있다. 트렌드에는 110여 명의 원우들이 활동하고 있고 각자의 생업에서 또는 관심 있는 분야에서 전문적인 지식을 보유하고 있는 원우들이 많은데 발제를 원하는 원우들은 월 1회 또는 그 이상의 만남의 시간을 바탕으로 회원들에게 무료 지식 나눔을 실천하고 있다. 참여하는 연령층도 20대부터 50대까지 매우 다양하며 매회를 거듭할수록 원우들의 콘텐츠는 상당한 정보와 퀄리티를 자랑한다. 필자는 유감스럽게도 아직은 트렌드에서 발제할 기회를 얻지 못해서 아쉽기는 하지만 시간이 좀 지나 경험이 더 쌓인다면 필자도 꼭 한번 도전해 보고 싶다. 그때까지 트렌드 회원들은 기대하시라.

이제 소개할 키워드 내용은 교수님을 통해서 배운 것이 아니라 원우님들을 통해서 배웠고, 그 배운 것을 내가 근무하는 회사에 벤치마크를 하고 실제 경영활동에 접목하여 나름의 의미 있는 성공을 시현하였고 지금까지도 운영하고 있다.

서울시립대학교 MBA에는 여러 동호회 모임이 있다. 그중에서 필자가 관심이 많고 비교적 참여도가 높은 트렌드라는 학술모임이 있는데 그 모임에서 지금까지 경험해 보지 않은 사례를 배우게 된 것이다. 나에게 많은 통찰력과 가르침을 준 ZOOM이라는 회사와 CEO의 사례를 소개하고 어떻게 내가 근무하는 회사에 접목하여 운영하고 있는지에 대해서 소개하겠다. 눈치 빠른 독자는 나의 이러한 배움의 단초를 제공한 사람이 누구인지 짐작할 것이다.

# 3

## 나에게 영감을 준 ZOOM(줌)

2020년 5월쯤인 것으로 기억난다. 항상 그렇듯이 나의 아침을 가장 빨리 분주함으로 인도하는 단체 카톡방이 있다. 바로 "서울시립대학교 MBA 트렌드 학술모임방"이 그것인데 이 단체카톡방에 지금은 110여 명의 회원이 들어와서 활동을 하고 있지만 그때는 아마 50~60여 명이 활동을 하고 있었으며, 주로 각자의 회원들의 관심사 중에 공유하면 좋을 만한 자료를 공유하는 내용이 대부분이고 가끔 서로의 안부를 묻는 소통 위주의 방이었다. 그날도 역시 회원들이 올려주는 많은 자료를 읽고 있는데 순식간에 눈에 확 들어오는 뉴스가 있는 것이 아닌가. 제목은 "코로나 아니라도 '줌'이 주목받는 이유"였으며, 부제는 1,200명 직원이 대가족처럼 일하는 회사"였다.

이쯤에서 왜 이 뉴스가 필자의 눈을 사로잡게 되었는지에 대해서 설명할 필요가 있을 것 같아 필자의 직업을 간단히 소개하자면 필자는 시

중은행 지점장으로, 이 단체 카톡방에서 뉴스를 접하기 약 1년 전에 현재 근무하는 영업점에서 발령을 받아 근무 중에 있었으며, 필자가 근무하고 있는 지점은 지점장 종합 평가 기준으로 전국 최하위를 기록할 정도로 매우 열악한 환경이었으며, 직원들은 그저 일하기 편안한 영업점으로 생각하며 동기부여도 미흡하였다. 이러한 어려운 경영환경 속에서 무엇이든지 지금의 어려운 환경의 돌파구를 찾던 필자에게 전광석화처럼 한눈에 들어온 것이 바로 코로나 시절에 급부상한 줌이라는 회사와 1,200명 직원이 대가족처럼 일하는 회사라니! 나는 해당 뉴스를 종이로 출력하여 책상에 놓아두고 몇 번씩이나 읽었다.

  자 그러면 이제 줌이라는 회사를 소개하고 어떻게 내가 근무하고 있는 우리 팀에 어떻게 적용하였는지 소개를 시작하겠다.

  1년 전부터 시작한 코로나 사태로 세상은 공포와 혼돈의 시대를 겪고 있다. 지금까지 겪어 왔고 이겨 낸 여느 바이러스처럼 인류는 곧 바이러스를 극복하고 일상으로 돌아올 것이라고 희망을 갖고 정부의 방역 대책에 귀를 기울이고 실천하고 있었다. 그러나 코로나 사태는 시간이 지날수록 더욱 악화되며 세계적으로 사망하는 사람들이 늘어나면서 전 세계를 공포로 몰아넣었다. 이러한 시대에 사람들이 주목한 것은 바로 Untack이었다. 코로나 바이러스가 사람과의 접촉을 통해서 전염된다는 사실을 알고 전 세계 모든 사람들은 비대면 커뮤니케이션을 선호하면서 많은 IT 기업들이 온라인 화상 회의 시스템을 개발하였다. 그 중심에 줌이라는 회사 있었다. 화상회의 소프트웨어 회사인 줌의 기업 가치는 코로나 사태 이전인 2019년 12월 31일 기준 159억 달러였으나, 2020년 3월 20일 현재 360억 달러로 기업가치가 무려 2배 가까이 증가하였으며, 3월 중순부터 애플 앱스토어 다운로드 1위이며, 하버드, 스탠퍼드 등 유명대학 교수들이 줌으로 수업을 진행하며 대학생들은 Zoom University 로고를 공유하기도 하였다.

그런데 이 회사가 또한 주목을 받은 이유는 창업자의 성공 스토리와 그가 구축한 기업문화 때문이었다. 줌의 창업자 에릭 위안(48)은 2018년 직장평가 사이트 글래스도어가 조사한 직원의 CEO 지지율에서 1위를 차지하였다. 지지율이 무려 99%에 달한다. 위안은 중국 이민자 출신으로 산둥과기대를 졸업한 그는 1994년 "인터넷과 디지털이 미래를 바꾼다"라는 빌게이츠의 강연을 듣고 실리콘밸리로 날아갔다. 그는 2007년 세계적 소프트웨어회사인 시스코 웹엑스 부문 부사장 자리까지 올랐지만 미국에 올 때만 해도 영어도 못했고 무일푼이었다. 여덟 번이나 비자를 거절당하기도 했다. 그랬던 그가 직원들로부터 최고의 지지를 받는 18조 원 가치 회사의 창업자가 될 수 있었던 비결에 대해 그는 케어문화를 회사에 구현하고자 했기 때문이라고 말했다. 즉, 1,200명 직원을 가족처럼 챙겨 줬기 때문에 회사가 잘될 수 있었다는 것이다.

에릭위안은 이렇게 말한다. "직원도 나도 집만큼 많은 시간을 보내는 곳이 직장이다. 그래서 회사를 설립할 때 가장 먼저 생각한 것이 가족과 함께 집에 있는 것처럼 편안하고 즐거운 회사를 만들어야겠다라는 것이었다. 경영진은 직원을 돌보고, 직원들은 동료들과 스스로를 돌보는 것이다. 고객과 지역 공동체를 돌보는 것은 물론이었다" 이제 구체적으로 어떤 것들을 통해서 직원을 돌보는지 들여다보겠다.

줌에는 행복 전담팀이라는 부서가 있다. 이 팀의 업무는 직원들이 즐겁게 직장 생활을 할 수 있도록 돕는 것이다. 설문조사를 통해 새로운 복지제도를 도입하고 사무실도 쾌적하게 바꾸고 깜짝 간식도 준비한다. 특히, 직원들의 사소한 일상도 챙긴다. 할머니 기일을 맞은 한 직원에게는 그가 할머니와 즐겨 먹던 빵집의 애플파이를 선물해 팀원들과 나눠 먹을 수 있도록 했고 몸이 아파 휴가를 낸 직원에게는 팀원들의 응원 메시지가 담긴 롤링 페이퍼와 평소 즐겨 가던 식당의 쿠폰을 보내기도 한다. 행복전담팀이 여는 행사 중 직원들이 가장 좋아하는 것이 "부모님을 모셔 오세요"이다. 학교에서 부모를 초청해 공개수업을 하는 것처럼 직원 부모들을 초대하는 것이다. 부모들은 회사를 둘러보고, 자녀가 일하는 모습을 구경하며 다른 팀원들을 만나고 이야기를 나눈다.

에릭위안 말하기를 "직원들을 인터뷰해 보니 지금 이 자리에 있기까지 부모님의 도움이 가장 컸다고 말했다. 감사하는 마음이 크지만 표현을 하지 못해 아쉽다고 했다. 그래서 우리는 공식적인 자리를 마련하기로 했다. 자녀가 얼마나 괜찮은 직장에서 일하는지 확인한 부모님들은 인도했고 직원들도 자신들이 일하는 모습을 보여 주며 뿌듯해했다"라고 말했다.

# 4

# 성공할 수밖에 없었던 줌의 비밀 병기

**첫째 행복전담팀**

매일 열리는 "당신에게 영감을 준 직원은 누구?" 이벤트도 호응이 좋다. 줌의 행복전달팀 문 앞의 함에 칭찬하고 싶은 직원의 이름, 이유를 적어 내면 다음 날 아침 행복전담팀 직원이 칭찬받은 직원의 책상에 "칭찬 오리"라 불리는 오리 인형을 놓아 준다. 칭찬의 이유가 사소해도 상관없다. 예를 들면 주말에 자원봉사를 다녀온 직원을 칭찬하거나 재미있는 영화를 추천해 준 직원을 칭찬하는 것이다.

**둘째 매출 회의 대신 가족모임 같은 회의**

줌은 매분기 전체 회의를 하는데 회의의 주요 의제는 대체로 이런 식이다. 칭찬 오리를 가장 많이 받은 사람 소개하기, 팀원들끼리 찍은 사진들을 제출하고 "베스트 포토" 뽑기, 직원 행복과 자기계발을 위해 다음 분기에 해야 할 일 논의하기 등이다. 그래서 회의가 아니라 마치 가족 모임 학교 모임 같다. 에릭위안은 글래스도어와의 인터뷰에서 이렇게 말한다. "1,200여 명의 직원이 있지만 마치 대가족 같은 기분을 느끼게 한다. 가끔 열리는 '사내 올림픽' '비디오게임 대회' 등에서는 잘 몰랐던 동료들과도 마주치는데 그냥 친구 같다. 언제 어디서든 직원들과 뭔가 같이하는 것 자체가 재미있다."라고 말했다.

## 셋째 직원들의 성장을 뒷바라지하기

줌은 직원들이 성장할 수 있는 여러 가지 프로그램을 운영하는데 첫째 직원들끼리 모여 주제가 무엇이든 공부하겠다면 장소와 비용을 지원한다. 둘째 직원들이 강의를 듣고 싶은 연사들은 최선을 다해 초청을 하며, 직원뿐만 아니라 그 가족이 구입하는 책은 회사가 무제한으로 사 준다. 에릭위안은 글래스도어와의 인터뷰에서 "나는 직원들이 '회사가 많이 배우는 곳' '항상 내가 발전할 수 있는 곳'으로 느끼길 원한다. 직원들이 성장하는 만큼 회사도 성장하기 때문이다. 그래서 좋은 대학을 나오거나 많은 경험을 가진 사람보다 '자기개발 욕구'가 강하고 '스스로 동기를 부여할 줄 아는 사람을 뽑으려는 것도 이 때문이다'라고 말했다. 실제 줌은 채용면접 때 가장 먼저 물어보는 질문이 '최근 무슨 책을 읽었느냐?'이고 그 다음이 '깊이 파 보고 싶은 분야가 있는지'이다. 이 질문에 제대로 답을 하지 못하면 아무리 이력이 우수해도 떨어질 가능성이 높다. 에릭위안이 이처럼 가족 같은 기업문화를 만들게 된 데에는 그의 직장 경험이 크게 작용했다.

그는 미국에 온 뒤 영상회의 소프트웨어 회사 '웹엑스'에 근무하다 이후 시스콤에 인수되면서 창업 전까지 시스코에서 일했다. 에릭위안은 "영어 한마디 제대로 할 줄 몰랐던 나는 웹엑스에서 매일같이 소외감을 느꼈고 대기업인 시스코에서 일을 하면서는 보람을 느낄 때도 있었지만 행복하진 않았다. 일에 치여 나를 돌볼 시간이나 팀원들은 잘 지내는지 돌아볼 시간이 없었다. 내가 행복하지 않으니 가족도 행복할 리가 없었다. 그래서 40여 명 동료들과 줌을 창업해 작은 사무실에 들어섰을 때 우리가 가장 먼저 이야기한 것이 매일 아침 이곳에 들어서는 것이 행복한 회사로 만들자는 것이었다. 스티븐 코비의《The speed of Time》을 보면 "기업은 속도보다 제대로 가는 것이 중요하다" 하는 내용이 나온다. 제대로 가는 것이란 직원들에게 신뢰와 행복을 주는 것이다. 이것만 탄탄하게 다져진다면 이후에는 조급해하지 않아도 회사는 빠른 속도로 성장할 수 있다. (TTimes.co.kr "코로나 아니라도 '줌'이 주목받는 이유", 참조 및 인용)

# 5

# 현업에서 즉시 활용해 보자

지금까지 줌에 대한 회사 소개와 CEO 에릭위안의 인터뷰 내용을 간단하게 살펴보았다. 독자들이 느끼기에는 줌이 주목받는 여러 가지 이유 중에 인상적인 부분이 있었는지, 있다면 어떤 부분이 인상적이 이었으며, 여러분들이 근무하고 있는 조직에 벤치마크하여 접목할 부분이 있는지도 함께 생각해 보기를 권한다.

이제부터는 필자가 줌과 에릭위안에게서 받은 감동과 인사이트를 소개하겠다. 우선 필자에게 가장 먼저 눈에 띈 것은 '가족같이 일하는 회사'라는 텍스트였다. 1,200여 명의 직원들이 일하는 회사에서 가족같이 일한다는 것이 가능한 일인가? 그렇다고 우리나라의 모 대기업 회장님이 이야기하는 '우리 그룹 가족 여러분~' 같은 뉘앙스는 분명 아니었기 때문이다. 자본주의적인 사고방식으로 회사는 직원들에게 월급을 주며 원하는 유무형의 부가가치를 강요하는 합리적이고 생산적인 단체인데 어떻게 가족같이 일할 수 있다는 말인가? 당장 우리 회사만 하더라도 각 지점에 배정된 영업 목표와 개인 KPI 목표 등을 달성하지 못하면 코칭이라는 아름다운 언어로 나를 포함한 모든 직원들을 편안하지 않은 상태로 몰아가는데 어떻게 가족같이 일할 수 있는지 도무지 이해가 가지 않았고 그만큼 줌이라는 회사가 궁금해졌다. 더구나 지금은 코로나 시대 아닌가? 아마도 성공한 후에 직원들에게 보상으로 베푼 이벤트 정도였을 것이라는 부정적인 생각을 갖고 글을 읽기 시작했다.

그러나 나의 선입견은 보기 좋게 빗나갔다. 글을 읽을수록 줌과 에릭 위안의 진정성을 느낄 수 있었고, 줌의 성장은 직원을 정말로 가족같이 돌보는 것에 따른 인과관계라는 것을 짐작하게 하였다. 이렇게 줌과 에릭위안의 진실성을 느끼고 우리 지점에 어떤 것을 접목해 볼까 하는 고민을 며칠간 해 보았다. 우선 기사에서 언급한 줌이 실천하고 있는 직원을 돌보는 방법에 대해서 생각해 보았다. 직원의 부모 및 가족 초대, 직원 가족의 기일 챙기기, 휴가 직원에게 식당쿠폰 챙겨 주기, 오리 인형 등을 면밀히 살펴보았다. 욕심 같아서는 줌에서 하는 모든 것을 따라 해 보고 싶었지만 제한된 예산으로는 한 가지도 빠듯할 것 같았다. 그래서 선택할 때 고려해야 할 몇 가지를 정리해 보았는데 적은 예산으로 효율적으로 운영해야 하고, 선택한 이벤트는 가능한 지속적으로 운영해야 하며 무엇보다도 중요한 것은 이러한 필자의 행동이 직원들에게 신뢰를 얻을 수 있는 것이어야 한다라는 원칙을 세웠다. 이렇게 MBA학생으로서 생각을 정리하고 다시 글을 읽으니 정확히 내가 무엇을 해야 할지 선택이 명확 해졌다.

필자의 여러 환경과 리소스 등을 감안하여 줌에서 얻어 온 직원을 돌보는 프로그램은 바로 칭찬 인형인 것이다. 줌에서는 행복전담팀이 칭찬하고 싶은 직원의 이름을 상자에 적어 내면 다음 날 행복전담팀이 칭찬받은 직원의 책상에 칭찬 오리라고 불리는 오리인형을 놓아 주고 분기에 칭찬 오리 인형을 가장 많이 받은 직원을 소개하고 축하해 주는 이벤트인 것이다. 필자는 칭찬 오리 인형을 벤치마크하여 5월 중순경부터 시행을 목표로 우리 지점에 접목하여 운영하기로 하고 준비하였다.

우선 인형을 준비해야 하는데 적당한 오리 인형을 구하기가 쉽지 않았고 줌에서 사용한 오리 인형은 누구나 좋아할 인형은 더욱 아니었다. 며칠 동안 고민하던 중 갑자기 스마트폰의 카카오톡 알림음이 울리며 카카오톡의 오리 이모티콘과 함께 메시지가 올라오는 것이 아닌가.

아! 찰나의 순간에 나도 모르게 '그래 바로 이거야! 카카오!'라는 생각이 들었다. 그 즉시 나는 즉시 인터넷을 검색해서 카카오 이모티콘 인형을 종류별로 12개 주문했다. 칭찬 인형을 선택하고 나니 일이 일사천리로 진행될 것만 같았다. 이제 이 귀여운 인형을 누구에게 어떻게 전해 줄 것인지에 대한 고민이 닥쳤다. 우선 칭찬을 받는 행동을 누가 정할 것인지, 누가 칭찬을 할 것인지, 매일 할 것인지, 직원 모두 매일 칭찬을 하고 받을 일이 많다면 좋겠지만 칭찬 인형을 무한정 구매할 수 없는 상황이다. 자칫 칭찬 인형이 직원 간 인기투표 형식으로 변질될 우려와 편가르기 될 수도 있다는 걱정도 되었다. 하지만 걱정만 할 수는 없었다. 빨리 우리 지점 직원들의 스스로의 동기부여와 더 즐겁고 신나는 직장으로 만들 생각에 지체할 수 없었다.

고도의 집중력을 발휘하여 칭찬 인형 프로젝트를 간단하게 정의하고 회의시간에 직원들과 공유하였다. 첫째 칭찬의 종류는 상관없고 누구에게나 고마움을 느꼈다면 즉시 시니어직원인 총무 담당 직원에게 그 사실을 알리고 총무 담당 직원은 그 직원의 책상에 칭찬 인형을 놓고 지점 단체카톡방에 칭찬 직원과 칭찬 내용을 공유하고 둘째 월말에 가장 많은 칭찬 인형을 받은 직원에게는 피자, 치킨 등 간식을 칭찬 메시지와 함께 집으로 배송해 주거나, 때로는 필자와 근처 맛집으로 초고속 점심여행을 가는 것으로 프로젝트를 시작한다고 발표하였다.

총무 담당직원을 따로 불러 칭찬 인형 프로젝트의 취지를 잘 설명하였고 프로젝트의 성공 여부는 본인에게 달렸다는 책임도 부여하였고 흔쾌히 수용하였다. 이렇게 약 1개월간의 칭찬 인형 프로젝트를 준비하고 설레는 마음으로 시작하였다. 칭찬 인형 프로젝트가 시작되고 필자는 일부러 모른 척 일주일을 보냈다. 약 2주가 지난 후 직원들의 책상을 유심히 관찰했는데 예상과는 달리 직원들의 책상에 인형이 놓여 있는 직원이 한두 명뿐인 것이 아닌가! 이번에는 총무담당 직원의 책상으로 가 봤는데 역시 책상 위에는 인형이 놓여 있지 않고 책상 아래에 인형을 담아놓은 박스에 카카오 인형이 수북이 쌓여 있는 것이 아닌가? 나는 의아해하게 생각하며 내 자리로 돌아와서 곰곰이 생각했다.

모든 직원들에게 충분히 설명하고 총무직원에게도 시행 초기이니 가급적이면 칭찬을 자주 많이 해서 직원들이 관심을 가질 수 있도록 도와달라고 부탁을 했는데 생각보다 칭찬 인형이 많이 쓰이지 않은 이유가 무엇인지 깊은 고민을 해 보았다. 내가 내린 결론은 다음과 같았다. 첫째 시행초기여서 무엇을 칭찬해야 하는지 여전히 잘 이해하지 못한 것과, 둘째 우리들은 아직 서로를 칭찬하는 것을 어색해하고 쑥스러워하며, 셋째 자신이 칭찬할 내용을 총무담당 직원에게 이야기를 전달해서 대리 칭찬하는 것도 칭찬을 활성화하기에 약간의 허들이 되는 것 같았다. 이렇게 나름대로 분석을 하고 총무담당 직원 포함 직원 세 명과 인터뷰를 하였다. 2주간 칭찬프로젝트를 운영해 본 경험을 과감없이 피드백을 요청하였다. 직원들의 생각도 내가 분석한 내용과 크게 다르지 않았고 가장 공감하며 어려워하는 것은 바로 칭찬하는 것에 대하여 익숙하지 않다는 것을 다시 한번 공감할 수 있었다.

# 6

# 백문이 불여일견

이렇게 직원들의 피드백을 받아 새달에는 칭찬프로젝트를 리뉴얼하여 회의 시간에 다시 한번 공유하였다. 새로운 내용은 첫째 칭찬 인형은 직원들 서로가 직접 전해 주고 칭찬 내용은 단체카톡방에 공유하고, 지점장도 칭찬할 수 있는 권한도 부여했으며, 칭찬의 이유는 무엇이든지 제한이 없는 것으로 정했으며 칭찬의 결과는 전과 동일하게 진행하기로 하였다. 6월부터는 리뉴얼한 칭찬 인형 프로젝트 시즌 2는 모든 직원이 행복전담팀으로 참여하며 보다 적극적으로 모든 직원이 칭찬전도사가 되기를 작정하고 새롭게 시작하였다. 새로운 시작을 다짐하며 직원 두 명과 점심식사를 하고 나오는데 동료 직원이 점심식사 비용을 지불하는 것이 아닌가? 순간 당황스러웠지만 못 이기는 척하고 "잘 먹었습니다" 하고 즐거운 마음으로 함께 사무실로 들어왔다.

눈치 빠른 독자들은 짐작하겠지만 필자는 속으로 쾌재를 불렀다. 드디어 필자에게도 소소한 칭찬을 할 절호의 기회를 잡았기 때문이다. 사무실 도착 즉시 점심값을 낸 직원 책상 앞으로 가서 필자가 최애하는 카카오프렌즈 네오인형을 보란듯이 놓고 내자리로 돌아와서는 단체 카톡방에 이렇게 썼다. "오늘 점심 값을 계산한 K 대리님 덕분에 맛있게 잘 먹었습니다. 감사합니다." 직원들의 반응은 소극적이나마 답장을 보내왔다. "짠돌이 K대리님이 웬일이래요~, 나도 사 주세요~, 맛나겠다~" 등 평소 무뚝뚝한 직원도 웬일인지 단체 카톡방에 댓글을 다는 것이 아닌가. 일단은 성공이라고 생각하며 스마트폰을 들여다보고 있는데 지점 저쪽 편에서 박장대소하는 소리가 들려왔다. 잠시 후에 나가 봤더니 칭찬 인형을 받은 직원 책상에 모여 몇 명이서 서로 대화를 하며 웃고 있었다. 점심 식사 값을 대신 내 주는 것도 칭찬의 대상이냐며 이제 칭찬할 일이 많아지겠다고 서로 웃으며 칭찬할 거리들에 대해서 이야기하고 있는 것이 아닌가. 필자는 칭찬프로젝트 시즌 2는 성공적으로 진행될 것으로 예상하고 직원들과 잠시 더 이야기를 나누고 자리를 피했다. 이튿날은 아침부터 지점 단체 카톡방에서 알림음이 나온다. P차장님이 무거운 가구를 옮겨 줘서 여직원이 너무 편하고 고맙다고 칭찬 인형을 드린다는 내용이다. 남자 직원이 필자 포함 2명이어서 무조건 짐을 옮기는 일을 부탁하는 일이 부담스러웠는데 이렇게 칭찬을 하니 많은 직원들이 칭찬 내용을 공감하고 서로 고맙다는 인사를 하니 절로 웃음꽃이 핀다. 어떤 날은 L 과장님 세일즈 성과를 많이 올렸다며 옆 자리 직원이 칭찬 인형을 놓으며 단체 카톡방에 칭찬메시지를 올렸다. 그런데 잠시 후에 칭찬받은 직원이 댓글을 올렸는데 필자로서는 흐뭇하지 않을 수가 없었다. 댓글 내용이 "고객이 많아 바쁜 중에 상품 세일즈를 하기가 눈치 보였는데 옆 자리 언니가 도와줘서 고객상담을 편하게 할 수 있었기 때문에 좋은 결과로 이어졌다"라며 서로 격려하는 것이 아닌가. 이것을 보고 가만히 있을 수가 없었다. 필자는 즉시 칭찬 인형을 하나 집어 들고 칭찬해 준 직원에게도 인형을 하나 놓고 카톡방에 이렇게 메시지를 남겼다. "두 분의 아름다운 하모니가 너무 아름다워 같이 칭찬하는 것이 마땅합니다" 두 명의 직원들은 서로 고마워하며 이를 지켜본 모든 직원들은 팀워크가 향상되는 것을 스스로 느꼈다.

이렇게 칭찬 인형 프로젝트 시즌 2를 시행한 지 한 달이 지나고 드디어 매월 모든 직원이 모여서 하는 회의시간에 지난달 칭찬왕을 소개하며 축하와 격려를 하였다. 첫째 칭찬 인형에게 무엇을 선물할까 고민하다가 간단한 축하 메시지와 피자와 음료수 쿠폰을 문자로 전송하였다. 주말에 가족과 함께 먹겠다며 고맙다는 답장이 왔다. 아마도 가족들과 간식을 먹으면서 자연스럽게 회사에서 있었던 일을 이야기를 했을 것이고 자랑 삼아 이야기한 내용은 가족들에게도 멋진 엄마 아빠로 기억되는 날이었을 것이다.

# 7

# 칭찬 인형 후기

칭찬 인형 프로젝트 시즌 2를 시행하고 난 후 두세 달이 지날 때쯤 지점 분위기는 전과 다르게 매우 즐겁고 신나는 분위기로 바뀌었고 지점의 실적 또한 눈에 띄게 증가하였다. 직원들에게 간식 쿠폰을 보내는 것도 좋아하지만 의외로 필자와 함께 초고속으로 떠나는 맛집 여행도 매우 선호도가 높았는데, 거리가 멀어서 평소 점심 식사로는 먹기 어려운 피자나 파스타, 수끼 등 지점 근처 맛집을 찾아 모처럼 만에 분위기도 내면서 즐거운 식사를 할 수 있었다. 물론 직원들의 만족도는 최고였고, 이제는 칭찬을 넘어 매월 칭찬왕이 선정되는 것을 기쁘게 생각하며 지점의 분위기는 물론 세일즈 성과도 눈에 띄게 증가하고 있었다. 그렇게 직원들과 칭찬 인형 프로젝트 시즌 2를 시작한 지 6개월이 흐르면서 기적이 발생하였다. 몇몇 빅클라이언트가 있었기는 했지만 필자가 부임 후 3분기 만에 전국 10위권 이내로 올라왔다. 사실 필자가 부임하기 이전에는 다수의 지점장들이 오랫동안 근무하지 못하고 비교적 인사이동이 빈번했던 지점이었다. 추정하건데 어려운 영업환경으로 장기적인 경영계획을 세우는 데 어려움이 많았기 때문이었을 것이다. 아무튼 이런 어려운 환경의 지점에서 불과 1년 만에 지점 분위기와 영업성과등 모든 면에서 완전히 새로운 지점으로 변한 것이다.

이러한 직원들의 열정과 노력으로 지점의 영업성과는 갈수록 좋아졌고 칭찬 인형 프로젝트 이전의 성과도 포함되긴 하였지만 그해 상반기에 직원 3명이 동시에 승진하는 쾌거도 이루었다. 지점 개점 이후로 처음 있는 일이라고 거래하는 고객분들도 칭찬을 아끼지 않았다. 이러한 여정 속에서 시립대학교 MBA 원우 님들의 성원과 지원도 커다란 도움이 되었으며 지면을 통해 다시 한번 감사의 인사를 드린다. 이렇게 칭찬 인형 프로젝트를 시행한 지 1년이 지난 지금도 직원들의 배려와 협업으로 지점 분위기도 여전히 즐겁고 화목하며 이를 바탕으로 업무 집중도 또한 매우 높아 영업성과도 안정적으로 유지하고 있다. 여느 회사와 마찬가지로 필자의 회사에서는 매월 분기별 반기별 연간으로 영업실적이 우수한 지점과 직원에게 포상을 하는 제도를 운영하는데 최근 새롭게 실시한 전국 지점장 대상으로 리더십 및 영업 노하우 우수 사례 부문에서 첫 회 수상을 하는 영광을 함께 얻었다. 지금은 칭찬 인형이 20개가 넘는다. 시간이 흐르는 만큼 직원들이 서로를 칭찬하는 것에 어색해하지 않으며, 그만큼 직원들 사이 커뮤니케이션도 활성화되었으며, 각자의 업무에서 최선을 다하고 직원 상호 간에 이해하고 배려하는 것이 칭찬 인형 프로젝트를 실행한 이후에 가장 변화한 부분이었으며, 이제는 우리 지점만의 문화로 정착되었고 사례가 공유된 이후 우리 지점 사례를 따라 시도해 보겠다면 문의하는 전화도 여러 통 받았다.

　필자가 줌이라는 회사와 CEO인 에릭위안에게서 느낀 진정성을 제대로 이해하고 칭찬 인형 프로젝트를 실행했는지는 아직 잘 모르겠지만 한 가지 분명한 것은 진정성을 갖고 직원들에게 다가 간다면 언젠가는 자신의 진정성이 그들의 마음에 닿을 것이라는 믿음은 확실히 생겼다. 본문 에릭위안의 인터뷰에서 그는 이렇게 말했다. "기업은 속도보다 제대로 가는 것이 중요하다" 하는 내용이 나온다. 제대로 가는 것이란 직원들에게 신뢰와 행복을 주는 것이다. 이것만 탄탄하게 다져진다면 이후에는 조급해하지 않아도 회사는 빠른 속도로 성장할 수 있다. 필자도 처음 지점에 부임한 이후 실적 부진과 직원들의 동기부여 부재 등으로 무척 답답하고 불안정하고 초초하고 답답했지만 제대로 가 보자는 에릭위안의 말처럼 스스로의 다짐과 나를 믿고 잘 따라와 주는 직원들의 열정과 팀워크가 칭찬 인형 프로젝트라는 이벤트와 조화롭게 어울려서 이룬 성공 스토리라고 할 수 있겠다.

# 8

# MBA 추억들

사진에 담지 못한 수많은 추억이 많지만 코로나 2019년과 코로나 사태 초기에 만들어진 오프라인 이벤트들이 가장 기억에 남는다. 사실 코로나 때문에 2학년 때에는 거의 비대면으로 수업을 진행했지만 네트워킹에서는 전혀 문제가 되지 않았다. 1학년 때의 작지만 소중한 인연들이 밑천이 되어 MBA의 꽃이라고 하는 네트워킹을 아쉬움없이 했기 때문이

수업 시간 전 학교를 배경으로 한 컷(2019. 4.)

다. 다음은 학교생활 중 가장 기억에 남는 순간들을 사진과 함께 간단히

소개한 내용이니 독자들은 상상력을 발휘하여 간접적으로나마 MBA를 즐기기를 바란다.

MBA 입학 초기 기억으로 퇴근 후 수업시간에 맞게 도착하려고 급히 서둘러 갔는데 다행히 시간이 남아 학교 건물을 배경으로 촬영했다. (그런데 벌써 저 건물 이름이 생각이 나질 않는다.)

중간고사가 끝나고 30기 원우를 대상으로 MT를 기획하고 있는 원우외 운영위원에게 제안하여 필자의 지인에게 부탁하여 남이섬 별장을 빌려 1박 2일 일정으로 MT를 떠  났다. 각자 시장보기, 불 피우기, 식사 준비하기 등 맡은 일을 정하고 시간에 맞춰 저녁 식사를 시작하였고, 활발한 친교의 시간을 보냈다. 사진에는 없지만 보드게임, 퀴즈, 노래방, 클럽 분위기의 댄스 타임 등 참가한 원우들은 모두 새벽이 오는 줄 모르고 즐겁게 즐겼다. 2년간의 MBA 시간 중에 단연 최고의 추억이었다.

30기 MT 남이섬에서 잊을 수 없는 밤(2019. 7.)

조별 과제 학습 (2020. 5.)

코로나 초기에 거리두기로 인하여 줌으로 의견을 나누고 일주일에 한 번 정도 커피숍이나 학교에서 만나서 의견을 정리하고 리포트를 만들고, 각각 조사한 내용을 발표하고 결국 조원 모두 A+ 학점 취득 성공, 이 모임이 아직도 가장 활발하게 교류를 이어 가고 있다. 역시 동고동락한 사이가 의리도 있고 정의롭다.

입학 후 초기에는 누가 뭐라 해도 조별 모임만 한 것이 모임이 없다. 어떤 조직사회에서나 그렇듯이 초기 상호 관계를 만들어 가기 위해서는 상호 배려와 관심이 그 모임을 잘 유지하는 것 중에 단연 최고이다. 필자의 경우 조별 모임에서 젊은 원우들과 많은 네트워크를 하였으며 조별 모임을 바탕으로 다양한 동호회도 알게 되었고 좋은 인맥도 성실히 유지하고 있다.

조별 모임 (2020. 7.)

## 맺음말

2019년 대학원 1학년 가을 무렵 29기 선배님들이 책을 출간하고 트렌드 학술모임에서 소개하는 시간을 가졌는데, 기회가 되면 우리 기수도 꼭 해 보고 싶다는 생각을 했었다.

그러나 2학년 초부터 시작된 코로나로 원우들을 잘 만나지 못하였고, 시간이 쏜살같이 흘러 2020년 2월 졸업을 하였다. 나처럼 글쓰기에 뜻을 가진 원우들이 트렌드 학술 모임에 있어서 2021년 2월부터 8명의 원우들이 모여 책 출간 프로젝트를 시작하였다. (29기 3명, 30기 3명, 31기 2명)

서로 얼굴을 모르는 사이도 있었지만, 코로나 오프라인 집합 금지 조치로 전 과정 비대면으로 진행되었다. 3개월 간 일요일 저녁 9시에 줌으로 모여 의견을 나누고, 각자 글은 구글 시트에 공유하였다. 처음에는 각

자 하고 있는 일이나 관심 있는 주제에 대해 쓰는 것을 생각하였다가, 경영 MBA 경험을 소개하기로 의견이 모아졌다.

부족한 글이지만 글쓰기에 참여한 원우들이 다음 책을 출간하는 데 밑거름이 되길 바라고, 아직도 MBA를 망설이는 직장인들에게 작은 도움이 되길 바라본다.

끝으로 박사과정임에도 글쓰기 프로젝트를 디테일하게 챙겨 주신 29기 김진 선배님과 함께 참여했던 원우들, 직장인들을 위해 저녁과 주말 강의에 수고가 많으셨던 서울시립대학교 경영MBA 교수님, 책에 소개되는 원우회와 학술모임에서 함께했던 원우들, 직장 다니면서 공부하는 우리들을 응원해 주신 가족들께 감사의 인사를 드린다.

2021년 5월 30일
이시현

## MBA에서 느낀 원우들의 한마디

"MBA는 선택이 아닌 필수다! MBA에 오는 이유는 다양하다. 승진, 이직 등의 비전을 가진 사람들이 끊임없는 자기개발을 하려고 진학한다. 이 열정이 가득한 사람들과 함께 있으면 내 자신도 더욱더 분발하게 된다. 또한 MBA하면 인적 네트워크가 형성된다. 선후배들과 맺은 인적 네트워크는 평생 나를 따라다니며 나를 행복하게 해 준다."

(재학생 강승원)

"늦었다고 시작한 MBA가 결국 박사과정을 불러냈어. 내 인생 돌리도 ~~"

(졸업생 이근호)

"글쎄요ㅋㅋㅋ 군대서 만난 전우애가 느껴지는 사이랄까ㅋㅋㅋ"

(졸업생, 무명)

"MBA를 통해 다양한 경험과 생각들을 수업, 모임 등을 통해 공유하면서 다른 곳에서는 얻을 수 없는 넓은 시야와 풍부한 간접경험을 얻을 수 있었습니다. 일과 공부를 병행하는 것은 절대 쉽지 않은 일이지만, MBA

는 모두 배움과 성장에 뜻이 있는 분들이 모였기 때문에 서로 힘을 모아 2년 동안 각자 얻고자 하는 바를 모두 이룰 수 있을 것이라 생각합니다."

(졸업생 김주희)

"MBA를 통해 실무적인 지식을 전달해 주시는 교수님과 원우님들의 현업에서의 직무 경험담이 MBA를 선택한 것에 대해 일말의 후회도 남지 않을 만큼 많은 도움이 되는 시간이었습니다."

(졸업생 김성겸)

MBA는 인생 경험을 하게 해 준 곳이다. 다양한 직업을 가진 사람들과 소통하며 세상을 더 넓게 볼 수 있는 안목을 얻었고, 전문 지식을 습득하여서 실무에 적용해 봄으로써 지식을 새롭게 얻었다!

(졸업생 오유정)

"힐링의 시간이었습니다. 힘들었던 회사 업무를 부리나케 마치고 다양한 일을 하는 원우생들과의 만남, 새로운 지식을 배우는 즐거움, 이를 통해 성장하는 나 자신! 2년간의 경험은 무한경쟁 시대의 피로감을 풀어주는 활력소였습니다^^"

(졸업생 박재현)

"오… 언제 이렇게 책까지 집필하셨어요… 킹 왕 짱 능력자 ^.^"

(졸업생 송명석)

"입학하고자하는 목적은 모두 달랐겠지만 졸업을 향해 달려가면서 한 가지 공통적인 생각은 다들 하셨을 것이라 생각됩니다. 지난 학창시절에 이렇게 공부했더라면 과연 지금의 나는 어땠을까? 지금보다 더 나은 상황에서 만족하며 일상을 보내고 있었을까? 대부분의 우리들은 비슷한 일상생활을 영위하며 비슷하게 살고 있었을 겁니다.

그러나 여기에 저는 중요한 한 가지가 있다고 생각합니다. 변화… 변화를 하고자 하는 동기부여가 대학원 입학을 결심하는 순간부터 충만해지고 그 동기부여가 졸업할 때쯤에는 자신감이라는 크레딧으로 변화되어 있다는 것입니다. MBA는 나 자신이 변화되고 발전될 수 있는 첫 삽이라 생각합니다. 이를 토대로 2년간 다양한 생각의 근육이 변화의 기틀이 마련되는 시기일 겁니다. 배움을 통해서만 느낄 수 있는 묘한 매력이라는 생각이 들어요. 여기에 좋은 사람들은 보너스로 얻을 수 있고요…. 도전하지 않을 수 없는 보람찬 도박!!"

(졸업생, 무명)

"직장생활과 일상생활이 무료해질때 MBA를 다니신다면 무료함이 활력으로 전환될 것입니다! 배우는 재미와 다양한 직종의 일을 하는 원우들과 관계를 맺게 되면서 좁게만 느껴졌던 시야가 더 넓어질 수 있을 것입니다!"

(졸업생 우래구)


"행복의 열쇠는 바르고 곧은 관계 형성에 있고 그것이 주변에 선한 영향력을 끼친다면 행복한 가치 창출이 되는 것이다. MBA는 행복의 가치 창출의 열어 주는 키이다."

(졸업생 박병국)


"MBA에서 새로운 공부를 했고, 새로운 관계를 만들었으며, 졸업후 새로운 잡을 얻었습니다. 불확실한 비트코인에 투자하지 말고, 확실한 당신 자신에게 투자하세요. -투자, 그 이상의 가치! 시립대 MBA-"

(졸업생 강동진)


"우린. 열심히 공부하고 잘 놀았다. 이보다 멋진 일이 어디 있겠는가…"

(졸업생 이건성)


"MBA는 나의 삶의 후회없던 최고의 탁월한 선택! 이젠 죽어도 여한이 없다…"

(밤의 원우회장)

"UOS 최고의 트렌드모임이여 영원하라!"

(졸업생 김태호)

"앞만 보고 부대끼며 살아온 삶 속에서 언제부턴가 내 꿈이 뭐였지? 자문하며 어리둥절해 했었던 시간들이 있었죠. 그즈음에 만난 UOS MBA 선후배 원우들. 열심히 생활하며 끊임없이 새로운 도전 속에 꿈을 키워가는 멋진 친구들. 그 멋진 친구들과 함께 공부하며 뜨거운 정을 나누며 보낸 시간들이 나의 가슴을 뛰게 만들고 용광로같이 뜨겁게 만들었답니다. 사랑합니다 UOS MBA~!"

(졸업생 이명진)

"단순히 공부하는 학교처럼 생각하고 입학을 했는데, 선배님들, 동기 원우님들에게 배움의 에너지와 열정소스, 각종 트렌드를 얻는 업그레이드의 장이었습니다. 너무 많이 배워 가고요. 같이 발전해 나가는 원우들의 행보가 졸업 이후에도 기대가 됩니다. 서울시립대 MBA 포에버~~♡"

(졸업생 윤여란)

"'NGO에서 일하면서 웬 MBA?' 다들 의아해하며 돈지랄(?) 한다는 얘기까지 들었는데… 한 조직에서만 20여 년간 일해 왔던 저로서는 알을 깨고 나오는 도전이었고 그 선택에 후회가 하나도 없습니다! 세상은 넓고 배워야 할 것들은 무수히 많은데다 영리-비영리 경계도 무너지고 있으니… 후배들이여, MBA는 이제 필수다! 자신 있게 외칠 수 있습니다!"

(재학생 서은경)

"MBA를 통해서 경영에 대한 시야가 넓어졌습니다. 기존에는 제 직무 위주로의 지식과 경험이었다고 하면 MBA 수강 이후에는 다른 직무에까지 지식이 넓어져 회사를 구성하는 각 부서별 역할에 대해서 더 이해가 되었습니다. 또한 타 업계에서 근무하시는 원우들의 생각을 들을 수 있어 좀 더 생각의 범주도 넓힐 수 있었습니다. 본인이 우물 안 개구리라고 생각되신다면, MBA를 추천드립니다."

(졸업생 정희석)

"MBA는 현재에 안주하고 싶지 않은 진취적인 사고를 가진 분들께 꼭 권하고 싶은 과정이라고 생각합니다. 다양한 만남과 학문적 성취를 통한 끊임없는 움직임으로 어제보다 더 나은 내일로 성장해 갈 수 있는 기회를 줍니다."

(졸업생 정창주)

"MBA를 시작하고 다양한 분들을 만나 좋은 자극을 받고, 실행을 할 수 있었어요. 머릿속으로 혼자만 생각했던 것들을 함께 나누고 만들어

갈 수 있는 곳이라 생각되네요. 더불어 경영에 대한 지식은 보너스!!!!"

(재학생 조슬기)

"직장에서 일하랴 학교 다니며 공부하면서 책을 출판하셨군요. 열정으로 행동한 실천에 대해 참여한 작가님들께 많은 박수와 축하를 보냅니다. 저는 30년 넘게 회사를 다녀서 그동안 직장생활도 되돌아보고 새로운 세계에 대한 인사이트를 찾아보고자 MBA를 시작하였습니다. 시작이 반이라고 어느덧 저도 이제 졸업할 때가 되었네요. 생활에 대한 의욕이 떨어질 즈음에 MBA학교 생활하면서 20대부터 50대까지의 여러 세대가 조화를 이루고 열심히 생활하는 원우님들 보면서 젊고 힘찬 의욕과 도전감이 생겨나서 좋았습니다. 하는 일에 대해서도 새롭게 시도해보는 계기가 되었고 접하는 모든 일에 대해 긍정적 적극적으로 전환하는 태도가 되었고요. 이러한 변화가 그동안 열정적인 원우님들과 함께하면서 만들어진 것이라 생각합니다. 이번에 책을 내신 분들을 본받아 저도 새로운 도전거리를 찾아서 나아가려 합니다. 작가님들 수고하셨고 늘 건승을 기원합니다."

(재학생 이형석)

"MBA를 통해 좋은 사람들과 좋은 인사이트를 얻었으며, 향후 인생 및 커리어에 긍정적 전환점이 되었습니다. 많은 분들이 MBA를 통해 새로운 도약의 기회를 찾으시길 바랍니다."

(졸업생 임현준)

"다양한 분야에 계시는 원우님들과 함께 같은 공부를 하며 같은 목표로 나아가는 열정 자체에 매우 만족스러웠습니다."

(졸업생 정상훈)

# MBA에 대체
# 뭐가 있는데요?

ⓒ 이시현 · 김문섭 · 김진 · 박순옥 · 박소영 · 박상언 · 장철희 · 최성문, 2021

초판 1쇄 발행 2021년 8월 17일

지은이    이시현 · 김문섭 · 김진 · 박순옥 · 박소영 · 박상언 · 장철희 · 최성문
펴낸이    이기봉
편집      좋은땅 편집팀
펴낸곳    도서출판 좋은땅
주소      서울 마포구 성지길 25 보광빌딩 2층
전화      02)374-8616~7
팩스      02)374-8614
이메일    gworldbook@naver.com
홈페이지  www.g-world.co.kr

ISBN    979-11-388-0126-3 (03370)